Pocket-Info
Saxophon

T0081304

HUGO PINKSTERBOER

Pocket-Info
Saxophon

**Praktisch, klar und aktuell. Das ideale Nach-
schlagewerk für Anfänger und fortgeschrittene
Saxophonisten.**

SCHOTT

Mainz · London · Madrid · New York · Paris · Tokyo · Toronto

Danke:

Leo van Oostrom, Fred Leeflang, Josephine van Rosmalen, Gerdie IJland, Hans Jan van der Deure und Paul Kortenhorst (De Saxofoonwinkel), Louis Hummel (Hummel Saxofoons, Groningen, Niederlande), Wim Tober (LVSD/Niederländischer Nationalverband der Saxophonlehrer) und Willem Pinksterboer; neun professionellen und halbprofessionellen Saxophonisten und Amateuren, für das Überprüfen des Buches und für ihr Wissen, ihre Erfahrung, ihre Fragen und Kommentare.

Dank auch dem Rohrblattexperten und Saxophonisten Terry Landry (Rico International), Gerard ten Hoedt (Müller Music), Tim Brennan und Peter Barkema für ihre Sachkenntnis, dem Saxofoonwinkel für die Instrumente, die wir für dieses Buch fotografierten, Hanneke van der Horst für ihr Tenor, und Davina Cowan dafür, dass sie da war.

SPL 1044
ISBN 3-7957-5128-4

© 2000 Schott Musik International, Mainz
© der Originalausgabe: The Tipbook Company bv

Konzept, Cover und Illustrationen: Gijs Bierenbroodspot
Redaktion: Harald Wingerter
Übersetzung: Hermann Martlreiter
Satz: Digital-Publishing Katja Peteratzinger

Printed in Germany · BSS 50069

KURZ GESAGT

Hast du gerade angefangen, Saxophon zu spielen? Denkst du gerade über den Kauf eines Saxophons nach? Oder willst du ganz einfach mehr über das Instrument wissen, das du bereits besitzt? Dann wird dir dieses Buch alles Notwendige mitteilen. Du wirst etwas über die Teile des Instruments, über Unterricht und über das Üben erfahren. Du wirst herausfinden, worauf du beim Kauf eines Saxophons oder der Wahl eines Mundstücks achten musst, welches Blatt du verwenden sollst, wie du dein Instrument im Bestzustand erhältst und vieles mehr …

Eine gute Wahl

Wenn du dieses Buch durchgelesen hast, wirst du das Beste aus deinem Saxophon herausholen, das für deine momentane Situation beste Instrument kaufen, und es wird dir leicht fallen, weiterführende Literatur zu diesem Thema zu verstehen, seien es Bücher, Kataloge oder Internetveröffentlichungen.

Beginne am Anfang

Solltest du gerade angefangen haben, zu spielen, oder noch gar nicht begonnen haben, schenke den ersten vier Kapiteln ganz besondere Aufmerksamkeit. Falls du schon länger spielst, kannst du zu Kapitel 5 springen.

Mini-Lexikon

Das kleine Lexikon am Ende erklärt die meisten Begriffe, die einem als Saxophonisten begegnen. Um dir das Leben noch leichter zu machen, kannst du es auch als Index verwenden.

Hugo Pinksterboer

INHALT

1. EIN SAXOPHONIST?

**Möchtest du gerne flüstern? Schnattern, zischen, schreien?
Oder gar sprechen? Nun, das alles kannst du auf einem
Saxophon realisieren. Da du aber auch ganz normale
Töne spielen kannst, sind Saxophonisten in allen mög-
lichen Bands, Ensembles und Orchestern stets willkom-
men. Ein Kapitel über die Rolle des Saxophons, die ver-
schiedenen Saxophone und wie ähnlich das Saxophon-
Spielen dem Singen ist.**

Mit einem Saxophon kannst du viele verschiedene Stile
spielen; egal, ob Jazz, Funk, Klassik, Latin, Rock oder Soul.
In bestimmten Musikstilen wirst du eine große Anzahl
von Solos spielen, zum Beispiel im Jazz. In anderen Bands
wiederum sitzt du vielleicht in einem Saxophonsatz und
begleitest ein Musikstück mit knackigen Riffs oder weichen Klangfarben.

Aber kann ich auch Mozart spielen?

Saxophone werden auch in klassischen Orchestern und
symphonischen Blasorchestern verwendet. In diesen Orchestern sitzt du aber nicht, wenn du Musik von Mozart
oder Beethoven spielen möchtest; denn als Adolphe Sax
das Instrument ca. 1840 erfand, waren diese klassischen
Komponisten schon lange tot.

Mach mal Pause

Ein wesentlicher Unterschied zwischen Saxophon und, sagen wir, Drums, Gitarre oder Bass ist, dass das Saxophon
in den meisten Bands nicht die ganze Zeit hindurch spielt.
Du hast also auf der Bühne viele Pausen – wie jeder andere Bläser eben auch.

KAPITEL 1

Alt, Tenor, Sopran und Bariton

Saxophone gibt es in zahlreichen Größen und *Tonlagen*. Am häufigsten sind das Alt-Saxophon und das tiefer klingende Tenor-Saxophon. Und zwar deshalb, weil ihr Sound zu allen Arten von Musik passt und weil sie ein wenig leichter zu meistern sind als das kleine, hohe Sopran oder das große, tief klingende Bariton.

Noch höher und tiefer ...

Diese vier Tonlagen sind nicht die einzigen. Da gibt es zum Beispiel auch noch das Sopranino und das Bass-Saxophon. So unterschiedlich sie auch aussehen mögen, im Prinzip sind alle Saxophone exakt dasselbe Instrument, mit exakt derselben Klappenanordnung. Sie unterscheiden sich lediglich in der Größe.

Ein Tenor- und ein Alt-Saxophon

Ein gutes Gehör

Saxophon spielen wird oft mit Singen verglichen. Weil man mit dem Saxophon fast genauso viel wie mit der Stimme machen kann. Und weil man fast genauso leicht falsch spielen wie falsch singen kann ... Wenn du eine Taste auf dem Klavier anschlägst, erklingt stets der richtige Ton. Auf dem Saxophon kann derselbe Ton leicht zu hoch (*sharp*) oder zu tief (*flat*) sein. Also? Zum Spielen des Instruments gehört auch die Entwicklung eines guten Gehörs.

Er und auch sie

Sind alle Saxophonisten Männer? Sieh dich mal um, dann wirst du vielleicht schnell „ja" sagen. Aber es gibt auch sehr viele und sogar ziemlich bekannte weibliche Saxophonistinnen. Die Holländerin Candy Dulfer mit ihrer Band Funky Stuff ist eine davon. Oder Jazzmusikerinnen wie Jane Ira Bloom, Jane Bunnett und die Engländerin Barbara Thompson. Damit also klar ist: das gelegentliche „er" auf den folgenden Seiten steht natürlich auch für „sie".

2. EIN SCHNELL-DURCHGANG

Würdest du ein Saxophon komplett auseinandernehmen, hättest du am Ende mehrere hundert Stücke und Teile vor dir liegen: den Korpus, den S-Bogen, das Mundstück, das Blatt, das Klappensystem mit seinen zahlreichen Klappen, Polstern, Achsen, Stiften, Federn, Kork und Filzen. Eine Einführung in die Hauptteile des Saxophons, was sie sind, was sie bewerkstelligen und wo du sie findest.

Wenn du dir ein Saxophon noch nie genauer angesehen hast, dann sieht es auf den ersten Blick wie eine äußerst komplizierte Maschinerie aus. Was es in Wirklichkeit ja auch ist. Das Ziel all dieser Teile ist jedoch, das Saxophon spielen so einfach wie möglich zu machen. Leichter als das Spielen einer Trompete zum Beispiel, die vergleichsweise täuschend einfach aussieht. Auf der anderen Seite ist ein Saxophon im Prinzip nur eine lange Röhre mit Löchern, die mit Klappen geschlossen werden können. Je mehr Löcher geschlossen werden, desto tiefer werden die Töne. So einfach ist das.

Sie sind alle gleich

Jedes Saxophon, sei es ein Sopran, Alt, Tenor oder Bariton, hat im Prinzip dieselben Teile. In Kapitel 3, *Vier Saxophone*, wirst du alles über die Unterschiede zwischen diesen vier Hauptstimmen lesen. Die Abbildung auf der nächsten Seite zeigt ein Alt-Saxophon.

Der Klang

Beim Singen lässt du deine Stimmbänder vibrieren und setzt dabei die Luft in Bewegung, wobei ein Klang entsteht. Beim Saxophon spielen lässt du das *Blatt* vibrieren.

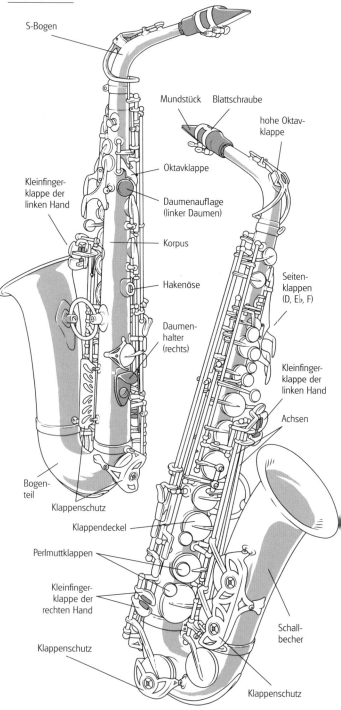

S-Bogen

Mundstück Blattschraube

hohe Oktav-
klappe

Oktavklappe

Kleinfinger-
klappe der
linken Hand

Daumenauflage
(linker Daumen)

Korpus

Seiten-
klappen
(D, E♭, F)

Hakenöse

Daumen-
halter
(rechts)

Kleinfinger-
klappe der
linken Hand

Achsen

Bogen-
teil

Klappenschutz

Klappendeckel

Perlmuttklappen

Kleinfinger-
klappe der
rechten Hand

Schall-
becher

Klappenschutz

Klappenschutz

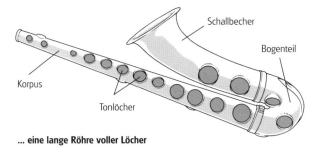

... eine lange Röhre voller Löcher

Dieses dünne Stück Rohrblatt wird am *Mundstück* mittels einer *Blattschraube* befestigt. Der Korpus des Saxophons verstärkt den Klang und gibt ihm seinen spezifischen Charakter.

Länger = tiefer

Wenn du ein Blatt auf dem Mundstück befestigst und darauf bläst, wirst du lediglich ein hohes Kieksen erzeugen. Stecke das Mundstück auf den S-Bogen, und der Klang wird sogleich tiefer und voller sein. Stecke den S-Bogen auf das Saxophon, und die Tonhöhe geht noch weiter nach unten. Je länger die Röhre, desto tiefer der Ton.

Tonlöcher

Der *Korpus* des Saxophons ist wie bei einer sehr einfachen Blockflöte voller Löcher, genannt *Tonlöcher*. Und wie bei der Blockflöte kommt der tiefste Ton aus dem Saxophon, wenn all diese Löcher geschlossen werden.

Klappen

Auf einer Blockflöte werden die Löcher mit den Fingern geschlossen. Ein Saxophon hat ca. fünfundzwanzig *Klappen*, um diesen Job für dich zu erledigen; die meisten Tonlöcher sind nicht nur zu groß, um mit den Fingern geschlossen zu werden, sie liegen auch zu weit auseinander.

Polster

Damit das Saxophon gut spielt, müssen die zu schließenden Tonlöcher ganz dicht sein. Es darf überhaupt keine Luft entweichen. Deshalb werden die *Klappendeckel*, die die Tonlöcher bedecken, mit *Polstern* ausgestattet: kleinen, dünnen Filzscheiben mit einer dünnen Außenschicht aus Leder.

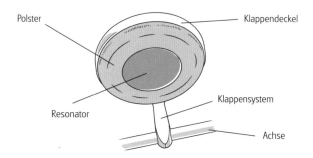

Polster — Klappendeckel

Resonator

Klappensystem

Achse

Resonatoren

In der Mitte eines jeden Polsters findest du eine kleine Metall- oder Plastikscheibe. Diese sogenannten *Resonatoren* machen den Klang des Saxophons ein wenig heller und direkter.

Breiter und breiter

Der Korpus des Saxophons wird vom S-Bogen bis zum *Schallbecher* immer breiter; er hat eine *konische* Bohrung – wie eine Eiswaffel. Die Tonlöcher am oberen Teil des Korpus sind kleiner als die weiter unten in der Nähe des Schallbechers. Das kleinste Tonloch befindet sich auf dem S-Bogen: das *obere Oktavloch* oder *S-Bogen-Oktavloch*. Das größte Tonloch liegt exakt am anderen Ende des Instruments, nämlich am Schallbecher.

Fernbedienung

Der Wald an Achsen gestattet dir die Bedienung von ca. fünfundzwanzig Klappen mit nur acht Fingern und einem Daumen. Man könnte meinen, es mit einer altertümlichen Fernbedienung zu tun zu haben; drück ich hier auf etwas, bewegt sich irgendwo anders etwas.

Federn

Wenn du nicht spielst, steht ungefähr die Hälfte der Klappen offen; die anderen sind geschlossen. Eine Reihe nadelartiger Federn sorgt dafür, dass sich die Klappendeckel beim Bedienen der Klappen öffnen oder schließen. Ein gutes Bild von diesen Federn kannst du dir auf Seite 124 machen.

Filze und Kork

Eine Anzahl von Filzen und Kork verhindert, dass die beweglichen Teile zu viele Geräusche erzeugen. Sie sorgen auch dafür, dass sich einige Klappen simultan öffnen und schließen, und bestimmen den Abstand der geöffneten Klappen zum Tonloch.

Klappenschutz
Da die Achsen und Klappendeckel sehr empfindlich sind, werden sie bis zu einem gewissen Grad vom *Klappenschutz* geschützt, der zusätzlich ein Verheddern der Kleidung in der Mechanik verhindert.

Die Daumen
Dein rechter Daumen, unter dem *Daumenhalter*, stützt das Instrument. Dein linker Daumen, der auf der *Daumenauflage* liegt, bedient die *Oktavklappe*.

Der Haltering
Ein Tragegurt verhindert, dass du das Instrument mit den Fingern halten musst. Der *Haltering* für den Haken liegt ungefähr in der Mitte des Korpus.

DIE KLAPPEN
Für Saxophonklappen existieren ganz unterschiedliche Bezeichnungen. Was für den einen eine Perlmuttklappe ist, ist für den anderen ein Fingerpolster, und auch die Kataloge sind sich bei diesem Thema nicht immer einig. Eine Einführung, damit du weißt, wovon sie sprechen – dann kannst du den Namen verwenden, der dir selbst am besten gefällt.

Klappen und mehr
Rein technisch gesehen sind die Klappen die Dinger, die du drückst, um ein Tonloch zu öffnen oder zu schließen. Und die *Klappendeckel* sind die Dinger, die die Tonlöcher tatsächlich schließen. Die meisten Saxophonisten verwenden jedoch das Wort *Klappe* für alles, was daran gekoppelt ist. Verwirrend? Ja, manchmal. Irreführend? Auch das. Ein Beispiel? Beim „Schließen" der Oktavklappe öffnest du tatsächlich eine der beiden Klappendeckel, die daran gekoppelt sind …

Ein klarer Blick
Die Abbildungen auf den folgenden Seiten sollen die das Saxophon zeigen, wie einfach es wirklich ist: Sie zeigen dir

nur das, womit du dich wirklich beschäftigen musst: die Tonlöcher mit ihren Noten auf Seite 17 und die Klappen und Hebel auf Seite 19. Das ist alles.

Perlmutt

Die meisten Saxophone haben acht Klappen, die du mit den Fingerspitzen auf runden „Knöpfen" mit einer Perlmutt-Auflage betätigst – oder einer Imitation dieses ziemlich teuren Materials. Diese Klappen heißen Perlmuttklappen.

Deine kleinen Finger

Dein linker kleiner Finger soll vier Klappen betätigen. Das erfordert am Anfang etwas Übung, nicht zuletzt deshalb, weil sich diese *Kleinfingerklappen* auch gar nicht so leicht bewegen lassen. Diese Anordnung aus vier Klappen heißt *B-B♭-C♯-Mechanismus*. Der rechte kleine Finger betätigt zwei ähnliche Klappen. *Rollen* erleichtern das Rutschen von einer Klappe zur anderen.

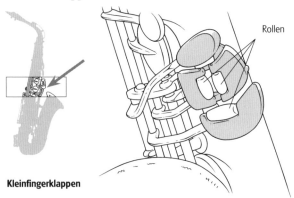

Rollen

Kleinfingerklappen

Seitenklappen

Die vier oder fünf *Seitenklappen* auf der Seite der rechten Hand werden mit der Innenseite deiner Finger gedrückt. Auf der Seite der linken Hand befinden sich drei Seitenklappen, die mit der Handfläche betätigt werden. Diese beiden Klappenreihen werden hauptsächlich für hohe Töne und Triller verwendet.

Schaukelträger, Hebel, Platten

Das Front-F (der F-Hebel) wird bisweilen auch *Schaukelträger* genannt. Wegen ihrer spezifischen Aufgabe bezeich-

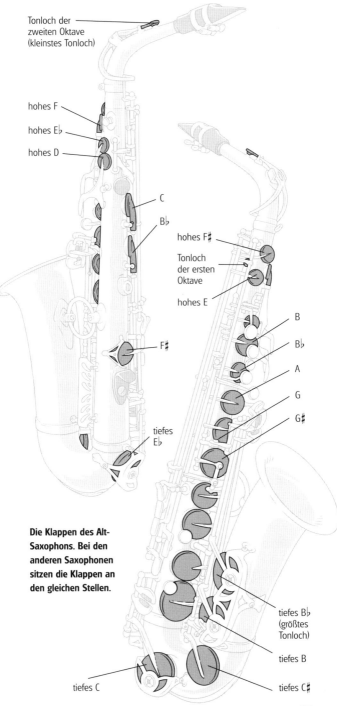

Tonloch der
zweiten Oktave
(kleinstes Tonloch)

hohes F

hohes E♭

hohes D

C

B♭

hohes F♯

Tonloch
der ersten
Oktave

hohes E

B

B♭

A

G

G♯

F♯

tiefes
E♭

**Die Klappen des Alt-
Saxophons. Bei den
anderen Saxophonen
sitzen die Klappen an
den gleichen Stellen.**

tiefes B♭
(größtes
Tonloch)

tiefes B

tiefes C

tiefes C♯

17

net man bestimmte Klappen als *Heber*, wie zum Beispiel den Seiten-C-Heber, der mit der rechten Hand bedient wird, oder der Tief-Cis-Heber, der mit dem rechten kleinen Finger betätigt wird. Und der *B-B♭-C♯-Mechanismus* wird auch als *B-B♭-C♯-Griffplatten* bezeichnet. Und wie du dir schon denken wirst, gibt es noch eine Menge weiterer Bezeichnungen …

DIE BEZEICHNUNG DER KLAPPEN

Auf einem Piano hast du für jede Note exakt eine Taste. Nicht so auf dem Saxophon: für die meisten Töne brauchst du eine Kombination aus mehreren Klappen. Daraus folgt, dass es gar nicht so einfach ist, den Klappen die Namen der Noten zuzuweisen. Das beste Beispiel? Das mittlere C♯, weil diese Note gespielt wird, ohne überhaupt eine Klappe zu berühren … Der Name dieser Note ist übrigens *offenes C♯*.

Verschiedene Bezeichnungssysteme

Dennoch ist es nützlich, jede Klappe identifizieren zu können. Zu diesem Zweck wurden eine Reihe von Systemen entwickelt. Eines der gängigsten, nämlich das des französischen Saxophonisten Jean Marie Londeix, ist auf Seite 19 dargestellt.

1 bis 6

Wenn du ein Saxophon hältst, sollten deine Finger den Klappen 1 bis 6 entsprechen. Durch Drücken von Klappe 1 erhältst du ein B. Betätigst du Klappe 1 und 2 zusammen, bekommst du ein A, und mit den Klappen 1, 2 und 3 ein G. Und so weiter.

Die kleinen Finger

Der rechte kleine Finger betätigt Klappe 7 (für tiefes C) und die Klappe für tiefes E♭. Klappe 8, auf der unteren Griffplatte, ist für tiefes B. Die Namen der Töne, die durch Betätigen der anderen Klappen erzeugt werden, zeigt die Abbildung.

Die Oktavklappe

Klappe 0, auf der Hinterseite, ist die Oktavklappe, auch *Registerklappe* oder *Oktavhebel* genannt. Mit dieser Klappe

Die Namen der Klappen des Saxophons nach dem System von Jean-Marie Londeix.

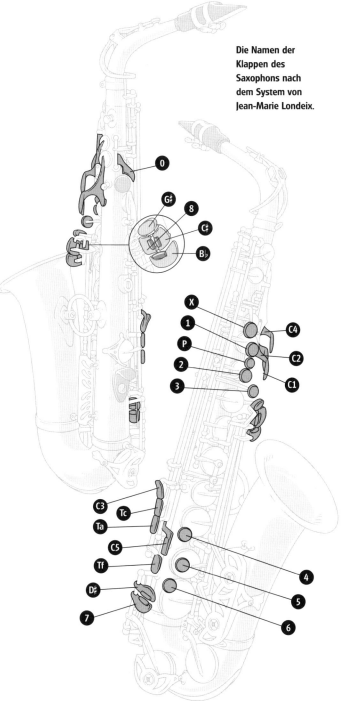

öffnest du eines der beiden Oktavventile und erhöhst damit deinen Ton um eine Oktave (eine Oktave entspricht acht weißen Tasten auf dem Klavier). Das erste Oktavventil liegt zwischen hohem E und hohem F♯, das zweite auf dem S-Bogen.

Die höchsten

Die Klappen C1 bis C5 sind für die allerhöchsten Töne auf dem Saxophon. Je höher die Zahl, desto höher der Ton. So einfach ist das. C5 ist das hohe F♯. Die mit einem T bezeichneten Klappen werden für Triller benutzt, aber nicht nur. Eine Option? Mit Tc kannst du natürlich auch ein einfaches C spielen. Und was die Triller betrifft:

- Mit Tc trillerst du von B nach C.
- Mit Tf trillerst du von F nach F♯.
- Mit Ta trillerst du von A nach B♭.

F = X

Die Klappe X, auch *Front-F*, *schnelles F* oder *Gabel-F* genannt, wird nicht nur für hohes F benutzt, sondern in bestimmten Passagen auch für hohes E und hohes F♯.

Grifftabelle

Viele Saxophonbücher enthalten eine Grifftabelle, die dir genau zeigt, welche Klappenkombination für welchen Ton verwendet werden muss. Wie du sicher schon gemerkt hast, gibt es für fast jeden Ton mehr als einen Griff.

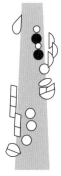

Tiefes, mittleres und hohes

Manche Saxophonisten teilen den Tonumfang des Instruments in drei Register ein: tiefes, mittleres und hohes. Die Noten, die ohne Oktavklappe gespielt werden, gehören zum tiefen Register. Sobald du die Oktavklappe betätigst, befindest du dich im mittleren Register. Und für das hohe Register benötigst du die Seitenklappen.

Grifftabelle. Durch Drücken der beiden schwarzen Klappen spielst du ein A.

3. VIER SAXOPHONE

Die vier populärsten Saxophone sind das Sopran, das Alt, das Tenor und das Bariton. Dieses Kapitel beschäftigt sich mit ihren Unterschieden, ihrem Klang und ihrem jeweiligen Tonumfang – und erklärt, warum ein C nicht immer ein C ist.

Aus der Entfernung betrachtet könntest du vielleicht sagen, dass ein Bariton überhaupt nicht wie ein Sopran-Saxophon aussieht. Sie sind jedoch beide im Grunde genommen dasselbe Instrument. Das Bariton ist lediglich größer und deshalb tiefer. Damit es leichter zu bedienen ist, wurde es mit einigen Rundungen versehen. Ohne diese wäre es mehr als zwei Meter lang … Das Alt und das Tenor liegen zwischen den beiden.

SOPRAN

Auf den ersten Blick ähnelt das Sopran-Saxophon einer Klarinette. Aus näherer Betrachtung erweist es sich jedoch als völlig anderes Instrument. Bis auf den kleinen Schallbecher am unteren Ende ist der Korpus der Klarinette zylindrisch. Und er ist aus Holz gefertigt. Das Sopran-Saxophon hat wie seine Geschwister einen Korpus aus Metall, der nach unten stets breiter wird. Das Ergebnis ist ein völlig anderer Klang. Metallischer, wie manche sagen. Weniger hölzern. Schneidender. Und so weiter. Bekannte Sopran-Saxophonisten sind u. a. Kenny G und Branford Marsalis, der auf verschiedenen CDs von Sting mitwirkt.

Sopran-Saxophon

Alt-Saxophon

Ein Sopran braucht Zeit

In Bezug auf Spielbarkeit ist das Sopran nicht gerade das einfachste Saxophon; saubere Intonation und ein guter Sound sind problematischer als auf dem Alt oder Tenor.

ALT

Falls du noch nie zuvor ein Saxophon gespielt hast, dann ist das Alt eine bessere Wahl. Das Alt ist in sämtlichen Stilrichtungen zu Hause, und es wurde mehr klassische Musik für das Alt als für alle anderen Saxophone geschrieben. Ebenso hat es sich in symphonischen Blasorchestern und Marschkapellen bewährt.

Bekannt

David Sanborn und Everette Harp sind zwei bekannte Alt-Saxophonisten. Stehst du auf Jazz? Dann hör dir mal Charlie Parker an. Um eine Vorstellung zu bekommen, wie das Alt in einem Symphonieorchester klingt, höre *Das alte*

Schloss aus Mussorgskys *Bilder einer Ausstellung*. Oder besorge dir Aufnahmen großer klassischer Solisten wie Donald Sinta, Fred Hemke und Fabrice Moretti.

TENOR

Das Tenor-Saxophon ist im Jazz am weitesten verbreitet, aber man findet es auch in anderen Stilrichtungen. Man könnte seinen Klang als fetter, saftiger, reicher oder mehr sexy als den des Alt- oder Sopran-Saxophons bezeichnen. Für den Anfänger ist auch das Tenor eine gute Wahl, obwohl ein Alt auf Grund seiner Leichtigkeit und geringeren Größe einfacher zu handhaben ist.

Den Sound biegen

Tatsächlich kannst du den Sound des Tenors mehr als bei allen anderen Saxophonen in sämtliche Richtungen verbiegen, von einem robusten Hupen bis zu einem intimen Flüstern. Einen sanften, sinnlichen Tenorklang hörst du zum Beispiel bei Ben Webster oder Charles Lloyd. Musiker wie Michael Brecker, Stanley Turrentine, Bob Berg oder John Coltrane klingen oft kräftiger, muskulöser, ja sogar aggressiver.

BARITON

Das Bariton-Saxophon mit seinem verschlungenen Hals ist das größte der vier. Es klingt eine Oktave tiefer als das Alt. Sowohl wegen seiner Größe als auch wegen des Preises ist es kein gutes Anfängerhorn. Baritone werden hauptsächlich in Big Bands und symphonischen Blasorchestern verwendet. Der berühmteste Bariton-Saxophonist ist zweifellos Gerry Mulligan, den man auf vielen Aufnahmen mit Dave Brubeck und Chet Baker hören kann. Zwei weitere bekannte Bariton-Saxophonisten sind Ronnie Cuber und Charles Davis.

WIE HOCH, WIE TIEF

Mit Hilfe eines Klaviers oder eines anderen Keyboards kannst du die Tonumfänge der verschiedenen Saxophone ganz leicht miteinander vergleichen. Der normale Tonumfang eines Saxophons liegt bei ungefähr zweieinhalb Okta-

Tenor-Saxophon

Bariton-Saxophon

ven. Gute Instrumentalisten können ihn auf drei oder vier Oktaven ausdehnen oder noch weiter.

Dieselbe Note, eine andere Klangfarbe

Es existieren mindesten vierzehn identische Noten, die auf allen vier Saxophonen gespielt werden können: vom As gleich unter dem eingestrichenen C hinauf bis zum nächsten A. Würdest du jedoch diesen gemeinsamen Tonumfang auf allen vier Saxophonstimmen spielen, dann würdest du in der Tat vier verschiedene Stimmen erhalten, jede mit eigenem Ton und eigener Klangfarbe.

TRANSPONIERENDE INSTRUMENTE

Wenn du ein C auf einem Klavier oder einer Gitarre spielst, hörst du auch den Ton C. Nicht aber auf dem Saxophon. Wenn du ein C greifst, hörst du *kein* C. Interessant? Dann lies weiter. Wenn nicht, dann spring zum nächsten Kapitel.

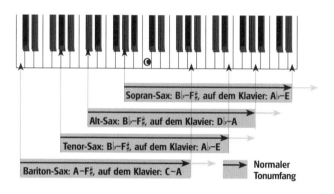

Sopran-Sax: B♭–F♯, auf dem Klavier: A♭–E

Alt-Sax: B♭–F♯, auf dem Klavier: D♭–A

Tenor-Sax: B♭–F♯, auf dem Klavier: A♭–E

Bariton-Sax: A –F♯, auf dem Klavier: C–A

→ Normaler Tonumfang

Klingend notiert

Klaviere, Gitarren und viele andere Instrumente sind Instrumente „in C". Sie werden *klingend notiert*: die Note, die du spielst, ist die Note, die klingt.

E♭

Saxophone dagegen sind *transponierende Instrumente*. Das Alt- und das Bariton-Saxophon sind in Es. Wenn du ein C greifst (drücke nur auf Klappe 2), dann hörst du den Ton E♭. Die Note, die erklingt, heißt *klingend E♭*.

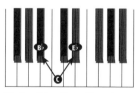

Ein C auf dem Tenor-Saxophon entspricht einem B♭ auf dem Klavier, ein C auf dem Alt-Saxophon einem E♭.

B♭

Tenor- und Sopran-Saxophon sind in B♭. Greife ein C (dieselbe Klappe 2) und es erklingt ein *klingendes B♭*.

Verwirrt?

Das alles klingt verwirrender, als es in Wirklichkeit ist. Du greifst ganz einfach die Note, die du liest, und der Ton, der herauskommt, ist der, den der Komponist hören wollte. Und wenn du keine Noten lesen kannst, nun, dann kann es dir ohnehin egal sein…

Transponierte Stimmen

Wenn du Alt spielst und der Komponist ein klingendes Es hören möchte, findest du in deiner Stimme ein C. Soll das Tenor denselben Ton spielen, dann liest der Tenorist ein F. Das Tenor klingt einen Ton tiefer als notiert (ein C produziert ein B♭, also erzeugt ein F ein E♭). Die Stimmen für Saxophonisten sind *transponierte Stimmen*; sie sagen dir nicht, welche Tonhöhen du spielst, sondern welche Noten du greifst.

Andere Blasinstrumente

Saxophone sind nicht die einzigen transponierenden Instrumente. Beispielsweise sind die meisten Trompeten und Klarinetten, wie das Sopran- und das Tenor-Saxophon, in B♭.

Aber warum?

Du kannst dich natürlich fragen, warum Saxophone nicht so gemacht werden, dass sie in C klingen, aber erwarte nicht, dass dir die Antwort das Leben erleichtert. Du willst es dennoch wissen? Dann gibt es zwei Dinge zu überlegen. Nummer eins: Ein Bariton klingt eine Oktave tiefer als ein Alt, weil es doppelt so lang ist. Wären diese beiden Instrumente in C, dann könnte das Tenor unmöglich auch in C sein. Warum nicht? Weil es von der Länge her genau zwischen den beiden liegt. Demnach müsste es dann in F♯ sein – was auch nicht viel hilft. Nummer zwei: wie bereits erwähnt, hat jedes Saxophon eine ganz bestimmte Klangfarbe, und das hat viel mit seiner jeweiligen, spezifischen Größe zu tun. Und die Größe hängt natürlich mit der Tonhöhe des Instruments zusammen. Ein höheres Saxophon würde nicht nur höher klingen, sondern auch anders. Übrigens: vor langer, langer Zeit hat man tatsächlich Saxophone in C gebaut (siehe Seite 111).

4. SPIELEN LERNEN

Es braucht nicht viel Zeit, um Saxophon spielen zu lernen, aber es dauert lange, bis man es gut spielen kann. Es erfordert Zeit und einen guten Lehrer. Denn es ist ein Unterschied, ob man Saxophon spielt oder einfach nur in das Instrument hineinbläst. Aber woher sollst du das wissen? Spiele einfach mal eines. Vielleicht geht dir dabei die Luft aus, dein Ton mag akzeptabel, aber nicht unbedingt beeindruckend sein. Du hörst mehr Kiekser als dir lieb ist und deine Intonation lässt zu wünschen übrig... Also? Dieses Kapitel konzentriert sich darauf, wie man spielen lernt — und zwar so gut wie möglich.

Es gibt einige Saxophonisten, ja sogar Profis, die sich das Spielen mehr oder weniger oder sogar komplett selbst beigebracht haben. Trotzdem kann dich ein Lehrer davon abhalten, das Rad noch einmal zu erfinden und schlechte Angewohnheiten zu entwickeln. Statt dessen wird er dir ein paar gute beibringen. Vielleicht stehst du nach ein paar Monaten sogar schon auf der Bühne oder, sagen wir mal, um auf dem Boden zu bleiben, nach einem Jahr. Für jeden Lehrer eines Holzblasinstruments gibt es zwei Hauptthemen, nämlich Atemkontrolle und Ansatz. Ein Tipp im voraus? Es dauert länger, sich eine schlechte Atmung und einen miserablen Ansatz wieder abzugewöhnen, als beides von Anfang an richtig zu lernen.

Atemkontrolle

Um lange Phrasen spielen zu können, gut zu intonieren und einen guten Ton zu entwickeln, musst du über eine entsprechende Kontrolle von Atmung und Luftstrom verfügen. Saxophon spielen ist mehr als nur eine Menge Luft in ein Mundstück zu blasen. Möchtest du es spüren? Dann spiele, sobald du das erste Mal ein Saxophon in der Hand hältst, einen langen, getragenen Ton. Wird dir ein wenig schwindlig? Nun, jetzt weißt du es.

Ansatz

Du brauchst auch einen guten *Ansatz*, auf Englisch und Französisch *embouchure*. Damit ist die Position und der Gebrauch von Lippen, Zunge, Gesichtsmuskulatur und alles andere in diesem Bereich gemeint. Vergleiche das Saxophonspiel mit dem Sprechen und denk daran, wie anders du mit einer wunden Lippe oder ohne deine Zunge klingen würdest. Zur Erinnerung: der Ausdruck „embouchure" enthält das französische Wort „bouche", auf Deutsch „Mund".

Noten lesen

Sollten Saxophonisten Noten lesen? Nun, man kann auch ohne auskommen – wie viele Musiker früher und auch heute noch – aber Noten lesen ist eine todsichere Methode, um wirklich weiterzukommen. Egal auf welchem Instrument. Es befähigt dich, mit anderen zu spielen, ohne die Stücke vorher auswendig lernen zu müssen. Es gestattet dir, Hunderte von Musikbüchern zu benutzen, deine eigenen Etüden aufzuschreiben oder rasch die Stimmen für andere Musiker zu notieren. Die Fähigkeit Noten zu lesen gibt dir auch eine bessere Vorstellung von dem, was du tust, was dich wiederum zu einem besseren Instrumentalisten macht. Und als Sahnehäubchen: Noten lesen sieht komplizierter aus als es ist. Pocket-Info *Musiklehre* bringt dir das nötige Know-how in wenigen Kapiteln bei.

Privat-Lehrer gesucht?

Einen Privat-Lehrer findest du zum Beispiel in den Kleinanzeigen der Zeitung oder in Musikzeitschriften, am schwarzen Brett im Supermarkt oder in den Gelben Seiten. Auch Musikgeschäfte oder andere Saxophonisten können dir bei der Suche nach einem guten Lehrer helfen.

Fragen, Fragen

Wenn du deinen Lehrer zum ersten Mal besuchst, dann erkundige dich nicht einfach nur nach dem Preis. Hier sind einige Tipps:

- Kannst du eine **Einführungsstunde** nehmen? Dann siehst du nämlich, ob es zwischen dir und dem Lehrer „funkt". Oder zwischen dir und dem Saxophon.
- Wirst du weiter als Schüler genommen, auch wenn du nur **zum Spaß** spielst, oder erwartet der Lehrer von dir, dass du täglich mindestens drei Stunden übst?
- Musst du sofort **in Lehrbücher investieren** oder ist das Lehrmaterial im Preis enthalten?
- Wie steht's mit **Lehrvideos**? Werden die Bänder ausgeliehen?
- Kannst du deine **Stunden aufnehmen**, damit du zu Hause noch einmal hören kannst, wie du klingst und was gesagt wurde?
- Ist dir gestattet, dich voll auf die Musik zu konzentrieren, die du spielen willst, oder musst du auch **andere Stilrichtungen** lernen? Oder wirst du dazu angespornt …?
- Lässt dich der Lehrer für die nächsten zwei Jahre **Tonleitern** üben oder wird er dich so schnell wie möglich auf eine Bühne bringen wollen?
- **Berät** er dich über den Kauf eines Instruments und des Zubehörs?

An die Arbeit

Siehst du dir auch Bands an, gehst du zu Konzerten, Festivals und Sessions? Einer der besten Wege, das Spielen zu erlernen, ist die Beobachtung anderer bei der Arbeit. Topmusiker oder Amateure: Von jedem lernst du etwas. Genauso wichtig: Spiele selbst in einer Band – am besten mit Musikern, die gerade ein kleines bisschen besser sind als du.

ÜBEN

Auf dem Klavier ist der tiefste Ton genauso einfach zu spielen wie der höchste. Dasselbe gilt im Grunde genommen auch für die Gitarre. Beim Saxophon ist es leider nicht ganz so einfach. Für den Anfänger liegen die tiefen Töne sehr schlecht, und es wird auch eine Weile dauern, bis er die höchsten Töne klar spielen kann. Eine Weile? Für manche sechs Monate und für andere sogar ein Jahr und mehr …

Eine halbe Stunde am Tag

Egal, welches Instrument du spielst, es ist besser, pro Tag eine halbe Stunde als einmal in der Woche den ganzen Nachmittag lang zu spielen. Das gilt umso mehr für Blasinstrumente; wenn du nur einmal pro Woche spielst, kann sich weder dein Ansatz noch deine Kontrolle des Luftstroms verbessern.

Dein Sound

Das erste, was der Zuhörer hört, ist dein Sound und nicht etwa die Höhe oder die Geschwindigkeit deiner Töne. Das sind gute Neuigkeiten, denn es bedeutet, dass die Arbeit an deinem Sound vieles andere einschließt. Ein Beispiel? Ein guter Sound erfordert einen gut entwickelten Ansatz und Kontrolle über den Luftstrom, was wiederum einer guten Intonation förderlich ist. Nach und nach wirst du beim Üben eine ganze Palette an Sounds erzeugen, von fett bis süßlich, von schrill bis heiser und schließlich auch deinen eigenen, ganz persönlichen Sound. Ein hilfreicher Tipp: Nimm dich beim Üben auf, dann kannst du dir anhören, was du gespielt hast. Während man sich nämlich auf das Spielen konzentriert, nimmt man seinen eigenen Sound nicht so gut wahr.

Und deine Ohren ...

Auf dem Saxophon bist du selbst dafür verantwortlich, dass die Töne, die du spielst, richtig sind. Genauso wie beim Singen. Üben schließt auch Gehörbildung ein, und den Lernprozess, die Töne so zu *formen*, dass sie wirklich stimmen. Je mehr du spielst, desto besser solltest du deine Intonation beurteilen können.

DIE NACHBARN

Es ist wesentlich schwerer, ein Saxophon leise zu spielen als mit voller Lautstärke. Vor allem als Anfänger erzeugt man ziemlich viele Geräusche, die zunächst nicht sehr angenehm sind. Wie kannst du also deiner Familie und deinen Nachbarn eine Freude machen? Am besten isolierst du einen großen Wandschrank, eine Zimmerecke oder einen Teil einer Dachkammer oder eines Kellergeschosses. Als Saxophonist brauchst du zum Üben nicht viel Platz.

Dämpfer und Handtücher

Ein Saxophondämpfer ist da schon viel billiger. Das ist ein gepolsterter Ring, der in den Schallbecher deines Saxophons gesteckt wird, und die Lautstärke etwas reduziert. Ein gewöhnliches Handtuch tut es vielleicht auch. Beide Methoden bewirken jedoch, dass die tiefen Töne nur sehr schwer ansprechen, da der Schallbecher blockiert wird. Und die hohen Töne, die aus dem oberen Teil des Instruments entweichen, werden so gut wie gar nicht abgedämpft.

Pack es ein

Als Alternative gibt es Taschen, die das Instrument vollständig bedecken und so die Lautstärke erheblich reduzieren. Sie besitzen drei Öffnungen: zwei für deine Hände und eine für das Mundstück.

Deine eigenen Ohren

Wenn du in einer lauten Band oder in einem kleinen Raum bei voller Lautstärke spielst, kann es nicht schaden, dir auch über deine eigenen Ohren Gedanken zu machen. Selbst die einfachsten Schaumstoff-Ohrstöpsel reichen schon aus, um singende Ohren und andere Gehörschäden zu vermeiden. Natürlich erhältst du im Musikgeschäft raffiniertere und musikalischere Lösungen. Die besten Ohrenschützer werden an deine Ohren angepasst und haben einstellbare oder ersetzbare Filter.

SO GUT WIE MÖGLICH

Zum Schluss dieses Kapitels noch einige weitere Tipps zum Üben. Das Üben kann mit Hilfe von Mitspiel-Kassetten und -CDs, die es mittlerweile für fast jede Musikrichtung gibt, wesentlich mehr Spaß machen. Zudem werden viele Musikbücher bereits mit Kassetten und CDs angeboten.

Das Tempo halten

Tipp Nummer zwei: Schlagzeuger sind nicht die einzigen, die das Tempo halten müssen – auch Saxophonisten müssen dazu in der Lage sein. Aus diesem Grund sollte man, zumindest ab und zu, mit einem Metronom üben. Dieses kleine Gerät tickt oder piepst in einem steten, einstellbaren Puls und hilft dir bei der Arbeit an Tempo, Timing und Rhythmus.

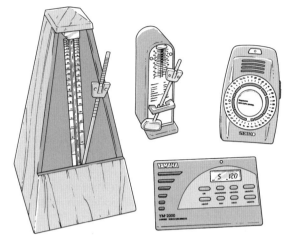

Vier Metronome

Elektronische Geräte und Computer

Ein Drumcomputer ist eine großartige Alternative zum
Metronom. Dann gibt es noch ähnliche Geräte, die Bass-
linien und andere programmierbare Instrumente spielen
können, sowie Maschinen und Software, die dir eine ganze
Band zum Mitspielen anbieten. Phrase Trainer sind Geräte, die das Tempo einer musikalischen Phrase zum Beispiel
von einer CD verringern können, so dass du dir selbst
die gemeinsten und schnellsten Läufe locker in deinem
Tempo heraushören kannst. Es wird auch Software angeboten, die das kann.

Und schließlich

Zwei hervorragende Methoden, um Saxophonspielen zu
lernen? Spiel, so viel du kannst. Allein oder in einer Band.
Und hör dir andere Musiker an. Lebende Legenden oder
Amateure von nebenan – jeder Auftritt ist eine Lernerfah-
rung.

5. DER KAUF EINES SAXOPHONS

Um es gleich zu sagen: ein Saxophon ist nicht gerade das billigste Instrument. Für ein Anfängermodell zahlst du leicht viermal so viel wie für eine Anfängergitarre. Warum ist das so, und was genau kostet es, Saxophon zu spielen? In diesem Kapitel liest du alles, was du vor dem Kauf eines Saxophons wissen musst. Und wie du dir das richtige Instrument aussuchst, ist das Thema von Kapitel 6, *Ein gutes Sax*.

Ein einfaches, neues Alt- oder Tenor-Saxophon kostet leicht an die achthundert Euro. Warum so viel? Weil durch die vielen kleinen Teile die Herstellung eines Saxophons einen hohen Zeitaufwand erfordert. Professionelle Instrumente beginnen bei zweitausend Euro und können bis viertausend Euro oder mehr gehen.

Bariton- und Sopran-Saxophone

Bariton-Saxophone kosten mehr. Nicht nur, weil sie größer sind, sondern weil auch weniger davon hergestellt werden. Ein Sopran kann teurer sein als ein vergleichbares Alt oder Tenor, weil es auf Grund seiner geringeren Größe schwieriger ist, ein Sopran herzustellen, das sich sowohl gut spielt als auch gut intoniert. Dagegen kann ein relativ billiges Bariton ziemlich gut klingen, da es wegen seines tiefen Registers hinsichtlich der Intonation weniger empfindlich ist.

Professionelle Saxophone für Anfänger

Ein guter Saxophonist kann auch auf einem billigeren Instrument hervorragend klingen, während Anfänger eigentlich mit einem professionellen Saxophon besser bedient sind; diese sind nämlich leichter zu spielen und haben eine bessere Intonation als Billigmodelle.

Die Unterschiede

Professionelle Saxophone sehen kaum anders aus als Billiginstrumente. Um den Unterschied zu *merken*, musst du schon genauer hinsehen. Und um den Unterschied zu *hören*, musst du schon ein sehr guter Instrumentalist sein. Hier einige der Unterschiede.

Zeit und Mühe

Teure Saxophone kosten deshalb mehr, weil mehr Zeit und Mühe in sie hineingesteckt und bessere Materialien verwendet wurden. Ihre Herstellung erfordert mehr Handarbeit, Forschung und Entwicklung.

Das Metall

Sowohl der Klang als auch der Preis werden von der exakten Zusammensetzung des Metalls und der Art und Weise, wie dieses bearbeitet und gefertigt wird, beeinflusst. Preiswerte Saxophone haben üblicherweise nicht die Klangtiefe, die ein teureres Instrument bietet, und oft intonieren sie auch etwas schlechter.

Die Teile

Teure Saxophone bestehen aus teuren Teilen. Stärkeren Achsen, besseren Federn, einstellbaren Klappen oder zum Beispiel einem S-Bogen aus massivem Silber. Ein solches Instrument klingt nicht nur besser, sondern es wird wahrscheinlich verlässlicher sein, länger halten und länger im justierten Zustand sein als ein preisgünstigeres Instrument. Und nicht zuletzt kann ein Qualitätsinstrument auch wieder teurer weiterverkauft werden.

Ein anderer Saxophonspieler

Um hören zu können, wie gut ein Saxophon ist, musst du schon ein ziemlich erfahrener Instrumentalist sein. Wenn du also zum ersten Mal ein Saxophon kaufst, kann es sein, dass du ein Problem bekommst: Du wirst nicht wissen ob du für dieses Kieksen verantwortlich bist oder das Instrument … Die Lösung ist einfach. Nimm immer jemanden mit, der spielen kann, oder geh wenigstens in ein Geschäft, wo dir der Verkäufer eine Anzahl von Saxophonen vorspielt.

Ausprobieren

Der wichtigste Rat? Kauf niemals ein Instrument, ohne es vorher gehört zu haben. In einem guten Geschäft gibt man dir alle Zeit der Welt, um eine Anzahl von Hörnern auszuprobieren. Lies in Kapitel 6 nach, auf was genau du dabei achten musst. In einem guten Geschäft wurden die Instrumente auch richtig justiert. Falls nicht, sind sie nur schwer zu beurteilen – weil man sie auch nicht richtig spielen kann.

Wartung ist ein Muss

Das exakte Justieren eines Saxophons kann nur von einem kompetenten Fachmann vorgenommen werden, weshalb es sich lohnt, das Instrument in einem Laden zu kaufen, der eine eigene Reparaturwerkstatt hat. Wenn du gerade ein neues Saxophon gekauft hast, dann kann es passieren, dass es während der ersten Monate ein oder mehrere Male nachgestellt werden muss. Das ist oft, aber nicht immer, im Preis enthalten. Willst du mehr darüber wissen? Geh zu Kapitel 10, *Reinigung und Wartung*.

Leihinstrumente

Manche Geschäfte haben Leihinstrumente. Das gibt dir Zeit, um festzustellen, ob dir das Instrument wirklich liegt und umgekehrt. Der Mietpreis für ein Leihinstrument beginnt bei monatlich ca. fünfundzwanzig Euro. Viele Geschäfte bieten auch ein Mietkaufprogramm an.

Teuer?

Professionelle Flötisten geben für ihr Instrument leicht bis zu zwanzigtausend Euro aus. Ebenso Pianisten und Violinisten. Mindestens. Saxophonisten jedoch nicht. Warum nicht? Weil es einfach keine Saxophone gibt, die so viel kosten. Das billigste Saxophon ist gar nicht so billig, aber die teuersten sind im Vergleich zu vielen anderen Instrumenten gar nicht mal so teuer.

ALT ODER NEU

Fast jedes Saxophongeschäft verkauft auch gebrauchte Instrumente. Sind sie viel billiger? Nicht immer. Für ein spielbares Tenor aus zweiter Hand und in tadellosem Zustand bezahlst du leicht achthundert Euro oder mehr – und für diesen Preis kannst du ebenso gut ein brandneues Instrument kaufen.

Die Kosten für die Überholung

Warum sind gebrauchte Saxophone so teuer? Weil sie oft vor dem Weiterverkauf eine teilweise oder komplette Überholung benötigen, die Zeit und Geld kostet. Auf der anderen Seite ist der Kauf eines modernen Saxophons aus zweiter Hand natürlich weniger kostspielig als wenn man dasselbe Instrument neu kauft.

Vintage Horns

Es gibt eine große Anzahl sogenannter Vintage Horns, das sind Oldtimer, die sehr gesucht und wertvoller als neue Saxophone sind. Zum Beispiel amerikanische Saxophone aus den frühen sechziger Jahren oder davor, oder ein französisches Selmer aus derselben Zeit. Viele Instrumentalisten – vor allem Jazzmusiker – ziehen diese Saxophone vor, weil sie ihren Klang als satter, fetter und wärmer empfinden als den der neuen. Dasselbe wird übrigens oft über den Sound von Vintage-Gitarren, Vintage Cymbals etc. gesagt …

Die Guten

Natürlich sind nicht alle alten Saxophone gute Instrumente. Auch in der „guten, alten Zeit" wurden schlechte gebaut. Beispiele bekannter, älterer (und guter!) Saxophone findest du in Kapitel 14, *Die Marken*.

Im Laden oder privat

Gebrauchte Instrumente findet man in Musikgeschäften und in den Kleinanzeigen der Zeitungen und Musikmagazine. Der Kauf eines gebrauchten Instruments bei einer Privatperson mag vielleicht billiger sein als in einem Musikgeschäft. Aber einer der Vorteile des Kaufs im Musikgeschäft ist, dass du nochmals hingehen kannst, wenn etwas justiert werden muss. Ein Musikgeschäft stellt dir vielleicht auch eine Garantie auf das Instrument aus, was die Privatperson aus der Anzeige kaum machen wird. Und schließlich wird ein guter Händler nicht mehr verlangen, als das Instrument wert ist, und ein privater Verkäufer vielleicht schon. Entweder, weil er es nicht besser weiß oder weil er dasselbe von dir denkt …

Nimm jemanden mit

Planst du den Kauf eines gebrauchten Saxophons, dann ist es noch wichtiger, jemanden mitzunehmen, der sich mit Saxophonen auskennt, vor allem dann, wenn du auf eine Kleinanzeige antwortest. Wenn nicht, dann lässt du dir möglicherweise ein exzellentes Instrument trotz des guten Preises entgehen, nur weil es in einem schlechtem Zustand ist. Oder, noch schlimmer, du bleibst auf einem nutzlosen, irreparablen Stück Metall sitzen.

Schätzung

Du kannst das Instrument auch zu einem Fachmann bringen, der seinen Wert schätzen kann. Er wird dir auch sagen, welche Reparaturen anstehen und wie viel sie kosten.

Undicht wie ein Sieb

Jedes Saxophon kann in seinen Bestzustand gebracht werden, auch wenn es so undicht ist, dass es nicht gespielt werden kann. Das ist jedoch nicht billig. Beim Kauf eines undichten Instruments musst du dich darauf einstellen, drei- bis vierhundert Euro für eine Überholung zu bezahlen.

Die Unterschiede: Links ein Alt-Saxophon von 1864, erbaut von seinem Erfinder, Adolphe Sax. Rechts ein modernes Alt-Saxophon, das ein klein wenig größer ist

UND SCHLIESSLICH ...

Der schönste Saxophonsound ist oft der deines Lieblings-Saxophonisten. Solltest du deshalb dasselbe Saxophon kaufen? Nein, nicht wirklich. Selbst wenn du exakt dasselbe Saxophon, Mundstück und Blatt kaufst, wirst du anders klingen.

Wer das Saxophon spielt

Lass einen Bläser auf unterschiedlichen Saxophonen spielen, und du wirst so ziemlich immer denselben Sound hören. Lass zwei Bläser dasselbe Saxophon spielen, und sie werden ziemlich unterschiedlich klingen. Daraus folgt? Der Sound wird mehr vom Bläser als vom Instrument bestimmt.

Mehr als der Preis

Der Preis für das Saxophon spielen ist höher als der Preis, den du für dein Instrument bezahlt hast. Die Wartungskosten belaufen sich auf ca. fünfzig Euro jährlich. Laufende Kosten werden auch durch die Blätter verursacht. Eine Schachtel mit zehn Blättern kostet ca. fünfzehn bis zwanzig Euro. Möchtest du den Wert deines Instruments steigern? Das ist einfach. Kauf dir einfach ein besseres Mundstück oder einen handgemachten S-Bogen. Das sind gute Investitionen, bringen aber nur dann etwas, wenn du und dein Saxophon es wert sind.

Kataloge, Magazine und das Internet

Je mehr du weißt, desto einfacher ist es, das für dich beste Saxophon zu kaufen. Die Kataloge und Broschüren der verschiedenen Marken liefern natürliche viele Informationen. Artikel und Kritiken über Saxophone, Mundstücke und Blätter kann man in den verschiedensten Magazinen finden. Auch das Internet ist eine gute Informationsquelle für Informationen über die neuesten Produkte mit vielen kommerziellen Web-Seiten und Saxophon-Newsgroups. Mehr darüber und über andere Quellen findest du auf den Seiten 130ff.

Messen und Veranstaltungen

Ein letzter Tipp: Sollte in deiner Umgebung eine Musikmesse oder ähnliche Veranstaltung stattfinden, dann geh hin. Dort findest du außer einer beträchtlichen Anzahl an Instrumenten, die du ausprobieren und miteinander vergleichen kannst, auch viele Produktspezialisten und zahlreiche andere Bläser, die immer eine Quelle der Inspiration sind.

6. EIN GUTES SAX

Das Material. Die exakten Dimensionen des Rohrs. Das Klappensystem. Die Polster. Die Intonation. Wenn es um das Auffinden der Unterschiede zwischen zwei Saxophonen geht, dann gibt es vieles, was man sich anhören und ansehen sollte. Was macht ein Saxophon zu einem guten Saxophon? Was macht ein Saxophon besser als das andere? Ein Kapitel über alles, was beim Kauf des für dich besten Saxophons eine Rolle spielt.

Das Äußere eines Saxophons ist nicht das wichtigste Element – aber das sichtbarste, weshalb dieses Kapitel damit beginnt. Wenn du sofort mit dem Spielen beginnen möchtest, ohne dir dein Instrument zunächst einmal genauer anzusehen, dann geh zu Kapitel 4, *Spielen lernen*, S. 27.

Messing
Fast alle Saxophone werden aus Messing gemacht, einer Legierung aus Kupfer und Zink. Die jeweilige Ausführung kann jedoch sehr unterschiedlich sein. Oft wird das Saxophon mit einem glänzenden Lack überzogen, der meist transparent ist oder eine dünne Goldfarbe (*Goldlack*) hat. Messing mit einem deutlich rötlichen Farbton hat einen höheren Kupfergehalt.

Silber
Versilberte Saxophone, die nur in den oberen Preiskategorien zu finden sind, sollen angeblich etwas weniger hell, dagegen wärmer und intimer als lackierte Instrumente klingen. Und natürlich gibt es Musiker, die schwören, dass genau das Gegenteil der Fall ist – was eigentlich nur be-

weist, dass die Menschen Klänge unterschiedlich beschreiben.

(Schwarzer) Nickel

Vernickelte Saxophone, die bis in die sechziger Jahre hinein gebaut wurden, haben im Prinzip denselben Farbton wie versilberte, sehen jedoch etwas glänzender aus. Die schwarzen Saxophone, die du vielleicht schon gesehen hast, sind meist nicht schwarz lackiert, sondern schwarz vernickelt.

Saxophon-Gravur auf dem Schallbecher (Yamaha)

Gold

Vergoldete Saxophone sind selten. Es existiert eine begrenzte Zahl von vergoldeten S-Bögen und nur manche Marken liefern tatsächlich vollständig vergoldete Instrumente.

Jede Farbe

Neben den bereits erwähnten schwarz vernickelten Saxophonen gibt es auch Hörner, die in allen nur vorstellbaren Farben lackiert sind.

Nicht dasselbe

Häufig unterscheidet sich die Ausführung des Klappensystems vom Rest des Instruments. So kann es zum Beispiel vernickelt sein, während der Rest mit Goldlack überzogen ist. Oder der Korpus hat einen mattierten Lack und die Klappen eine Hochglanzausführung oder umgekehrt. Nicht alle Marken und Serien bieten jedoch Optionen wie diese.

BEIM GENAUEREN HINSEHEN

Wie ein Saxophon aus der Entfernung aussieht, hat zunächst einmal nichts mit seinem Klang zu tun. Bei genauerem Hinsehen findet man jedoch mehr heraus. Nicht nur über den Klang, sondern auch über die Lebenserwartung des Instruments und andere intime Details.

Gut gemacht

Überprüfe beim Inspizieren eines Saxophons, wie stabil es aussieht und sich anfühlt und wie es gebaut wurde. Vergleiche ein preiswertes Instrument mit einem teuren und stelle die Unterschiede fest. Wie ist der Klappenschutz an Schallbecher und Korpus befestigt? Sieht das Instrument so aus, als könne es den einen oder anderen Schlag einstekken, oder fühlt sich alles dünn und zerbrechlich an? Auf manchen Instrumenten gibt es abnehmbare Schallbecher und Bogenteile, was äußerst praktisch ist, wenn Dellen am Korpus ausgebeult werden müssen.

Tonlöcher

Lass deine Finger über die Kanten der Tonlöcher gleiten. Je glatter und dicker sie sind, desto weniger fressen sie sich in die Polster und desto besser decken diese. Um undichte Stellen zu vermeiden, sollten die Ränder der Tonlöcher plan sein. Manche Saxophone haben gebördelte Tonlöcher und dadurch einen sehr runden und polsterfreundlichen Rand. Nur wenige neue Instrumente bieten diese Ausstattung.

Normales und gebördeltes Tonloch

Böcke

Die Böcke, die das Klappensystem halten, werden entweder einzeln oder in Gruppen unter Zuhilfenahme von Metallstreifen auf den Korpus gelötet. Letztere Technik kennt man unter der Bezeichnung *Leistenkonstruktion* im Gegensatz zur *Bockkonstruktion*. Eine Leistenkonstruktion sorgt für ein stabileres Instrument. Manche sagen, die Leisten engen den Sound ein wenig ein, aber du würdest dich schwer tun, den Unterschied zu hören.

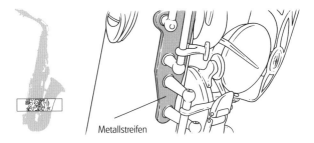

Metallstreifen

Saxophon mit Rippenkonstruktion

DAS KLAPPENSYSTEM

Das Klappensystem beinhaltet Klappen, Achsen, Federn und alles andere, was sich beim Spielen bewegt. Im Lauf der Jahre sind in diesem Bereich viele Fortschritte erzielt worden. Die Mechanik ist wesentlich geschmeidiger geworden und fühlt sich natürlicher an. Zudem hat man verstellbare Seitenklappen eingeführt, um nur einige Beispiele zu nennen.

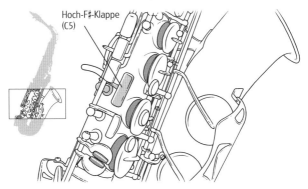

Hoch-F♯-Klappe
(C5)

Die Hoch-F♯-Klappe. Das Tonloch liegt weiter oben (siehe nächste Seite)

Neunzehn

Das allererste Saxophon hatte neunzehn Klappen. Wie die Abbildung auf Seite 37 zeigt, wurden nach und nach immer mehr hinzugefügt. Andere Klappen verschwanden wieder im Lauf der Jahre. Moderne Saxophone haben normalerweise 24 oder 25 Klappen, wobei die 25. die Hoch-F♯-Klappe ist.

Die Hoch-F♯-Klappe

Die Hoch-Fis-Klappe, die in den Sechzigern eingeführt wurde, gehört mittlerweile zur Standardausführung. Manche Marken bieten sie wahlweise an und man bezahlt etwas mehr für die zusätzliche Klappe. Bevor du dieses Geld investierst, bedenke, dass du zu den hohen Tönen erst dann kommst, wenn du schon geraume Zeit gespielt hast.

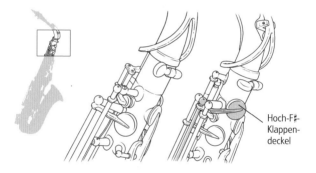

Hoch-F♯-
Klappen-
deckel

Links ein Saxophon ohne, rechts eines mit Hoch-F♯-Klappe

Hoch-F♯, keine Klappe

Und noch etwas: Manche Saxophonisten mögen diese Klappe ganz und gar nicht, weil sie meinen, dass sie die Klangfarbe des Instruments verändert. Außerdem, wenn du erst einmal spielen kannst, kannst du diese Note auch ohne diese Klappe spielen …

Noch höher

Dasselbe gilt für Hoch-G, eine Klappe, die man nur auf einigen Sopran-Saxophonen findet. Die höchsten Töne auf dem Saxophon, die mit Hilfe von Spezialgriffen und einem veränderten Luftstrom gespielt werden, heißen *Altissimo-Register, Flageolett-Töne* oder *Top Tones*. Am anderen Ende des Spektrums ist das tiefe A, das auf den meisten

Bariton-Saxophonen zu finden ist. Um so tief spielen zu können, sind deren Rohre etwas länger als die der normalen Bariton-Saxophone.

Die automatische Oktavklappe

Für manche Saxophone wird mit einer *automatischen Oktavklappe* geworben. Das klingt zwar beeindruckend, gehört jedoch bereits seit den dreißiger Jahren zur Standardausstattung. Beim Drücken der Oktavklappe entscheidet der Mechanismus „automatisch", welches der beiden Oktavlöcher geöffnet wird. Das untere Oktavloch öffnet sich für die Töne D bis G♯. Von A aufwärts öffnet sich das obere Oktavloch und das untere schließt sich wieder. Ganz am Anfang hatten die Saxophone für jedes Oktavloch eine separate Klappe.

Automatisches G♯

Das *automatische G♯*, das in den dreißiger Jahren bei teuren Instrumenten eingeführt wurde, ist mittlerweile auf fast allen Saxophonen die Norm. Es öffnet die G♯-Klappe, wenn man die tiefe C♯-, B- oder B♭-Klappe betätigt. Beim Sprung von einem dieser Töne auf G♯ muss daher der linke kleine Finger keinen schwierigen Griffwechsel mehr ausführen. Das System hat nur einen Nachteil: Dein linker kleiner Finger muss mehr Arbeit verrichten, weil er jetzt mehrere Klappen gleichzeitig bedienen muss. Die Lösung? Auf manchen Saxophonen kann das System ausgekuppelt werden.

Nichtklebendes G♯

Manche Lösungen sind einfach und dennoch effektiv. Der *G♯-Heber* zum Beispiel ist ein kleiner Hebel, der beim Öffnen der G♯-Klappe hilft, die sonst sehr leicht kleben bleibt.

C♯-Achse

Wenn du ein tiefes B oder B♭ spielst, kann dein kleiner Finger leicht an der C♯-Klappe hängen bleiben. Das Resultat? C♯, anstatt der Note, die du eigentlich hören wolltest. Daher haben die meisten Saxophone eine kleine Achse, die beim Drücken von tiefem B oder B♭ die C♯-Klappe schließt. Sie garantiert, dass wirklich der Ton kommt, den du hören wolltest.

Liegt es dir?

Jedes Alt-Saxophon hat dieselbe Größe. Alle Tenöre sind gleich groß. Und dennoch ist es wahrscheinlich, dass dir eine bestimmte Marke oder Serie besser „liegt". Selbst ein winziges Detail wie die genaue Lage des Halterings kann dir Schwierigkeiten beim Ausbalancieren des Instruments machen.

Seitenklappen

Ebenso wichtig ist die genaue Lage der Seitenklappen. Wenn sie zu hoch sind und du kleine Hände hast, dann kommst du vielleicht nicht gut an sie heran, oder du öffnest sie versehentlich. Manche Saxophone haben verstellbare Seitenklappen, entweder serienmäßig oder wahlweise. Beispiele sind G♯, hohes F, tiefes C♯ und die Seitenklappen.

Das Justieren der Klappen

Als Alternative kann ein Fachmann dein Instrument nach deinen Angaben einstellen und Klappen umformen sowie Filze und Kork durch dickere oder dünnere ersetzen. Sollten die Seitenklappen zu niedrig sein, dann können sie mit einem Satz *Key Riser* (*Klappenerhöher*) leichter zugänglich gemacht werden. Wahlweise können sie aber auch mit Kork oder Epoxidharz höher gemacht werden.

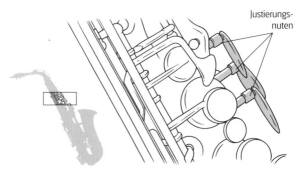

Justierungs-
nuten

Verstellbare Seitenklappen (Keilwerth)

Setz dich hin

Saxophon spielt man am besten im Stehen, weil dir diese Position eine bessere Atemkontrolle gibt. Trotzdem sollte man ausprobieren, wie sich ein Saxophon im Sitzen anfühlt. Schließlich musst du es in dieser Stellung in einer Vielzahl von Gruppen und Orchestern spielen.

Klappenform

Die Form der Klappen für die kleinen Finger ist bei jeder Marke oder Serie anders. Dasselbe gilt für das Front-F, das entweder mit oder ohne Perlmuttauflage angeboten wird. Man muss einfach viel herumprobieren, bis man das Instrument gefunden hat, das einem am besten liegt.

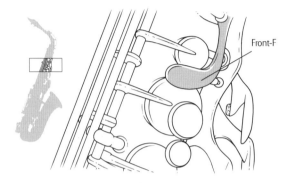

Front-F

Saxophon mit einer Spatula-Klappe für das Front-F

Eben oder konkav

Auf manchen Saxophonen sind die Perlmuttauflagen eben, während sie auf anderen wiederum leicht konkav sein können, so dass die Finger bequemer „in" der Klappenauflage sitzen. Es gibt auch Hersteller, die eine Kombination aus ebenen und konkaven anbieten, so dass du wirklich fühlst, wo deine Finger liegen.

Der Daumenhalter

Viele der heutigen Daumenhalter lassen sich seitlich und in der Höhe verstellen. Für manche Saxophonisten fühlen sich Daumenhalter aus Plastik bequemer an als metallene. Letztere, die angeblich auch stabiler sein sollen, können die Haut reizen und Verfärbungen verursachen. Eine billige und effektive Lösung? Stülpe einen *Daumenschoner* drüber.

DIE ACTION

Nachdem du eine Anzahl von Instrumenten ausprobiert hast, wirst du merken, dass manche sich schneller, leichter oder bequemer als andere spielen lassen. Die Art, wie sich

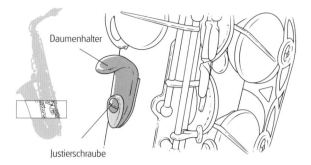

Verstellbarer Daumenhalter

das Klappensystem anfühlt und spielt, heißt *Action*. Die Qualität der Action hängt größtenteils von Widerstand der vielen Federn an, die die einzelnen Klappen und Polster öffnen, und natürlich von der Qualität der Arbeitsausführung des Systems.

Schwer oder leicht

Sämtliche Klappen sollten denselben Widerstand haben, was auch als „balanced action" bezeichnet wird. Wenn sich die Klappen nur mit viel Druck bewegen lassen, wird es zu anstrengend. Andererseits verhindert eine zu leichte Action ein schnelles und präzises Reagieren der Klappen. Das Anpassen der Action an deine Bedürfnisse ist ein Job für den Fachmann.

Spiel

Damit die Polster die Tonlöcher immer an derselben Stelle versiegeln können, sollte in den Achsen kein Spiel sein. Spiel verlangsamt die Action und verursacht Kieksen und Klappengeräusche. Ebenso müssen die Rollen an den Klappen für die kleinen Finger wirklich rollen.

Klappenabstände

Wenn sich eine Klappe so anfühlt, als müsse man sie ganz weit nach unten drücken, bis etwas passiert, dann kann es sein, dass der Klappenabstand nicht mehr stimmt. Dies kann sich negativ auf die Ausführung schneller Passagen und auf die Intonation auswirken (siehe Seite 51). Die Klappenabstände können aber auf einfache Weise justiert werden.

Kleben und federn

Eine Klappe sollte, nachdem sie losgelassen wurde, schnell und reibungslos in ihre Ausgangsposition zurückkehren – und nicht kleben, federn oder klappern. Der Test? Drücke jeden einzelnen Klappendeckel nach unten und rutsche schnell mit dem Finger zur Seite. Achte darauf, was passiert. Eine potentielle Ursache des Klapperns ist eine falsche Einstellung der Klappen. Eine weitere sind fehlende Filze oder Kork. Auf älteren Instrumenten sind die Filze vielleicht bereits zu sehr zusammengedrückt.

POLSTER

Auf der klassischen Gitarre wurden Darmseiten bereits vor langer Zeit durch Nylonsaiten ersetzt. Schlagzeuger spielen auf Plastikfellen, denn die Kalbsfelle gehören längst der Vergangenheit an. Aber Saxophone haben noch immer Lederpolster. Warum? Weil sie nach Meinung der meisten Saxophonisten immer noch am besten funktionieren. Es kommen aber immer mehr Polster aus anderen Materialien auf den Markt.

Leder und Filz

Die gängigsten Polster sind Filzscheiben, die mit einer dünnen Schicht aus Schafs- oder Ziegenleder überzogen sind. Damit ein vollständiges Abdecken der Tonlöcher garantiert ist, müssen die Polster exakt über den Tonlöchern zentriert werden. Willst du es überprüfen? Sieh dir die Rille an, den der Rand des Tonlochs auf dem Polster hinterlassen hat.

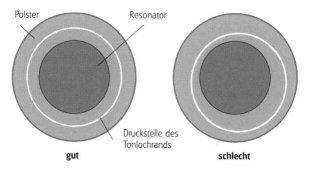

Polster   Resonator

Druckstelle des Tonlochrands

gut   **schlecht**

Die Druckstelle des Tonlochrands muss genau in der Mitte des Polsters liegen.

Resonatoren

Resonatoren, die kleinen Plastik- oder Metallscheiben in der Mitte der Polster, machen den Sound klarer und verbessern die Ansprache des Saxophons. Klingt das Instrument zum Beispiel übermäßig hell, dann solltest du Polster ohne Resonatoren in Betracht ziehen. Eine weitere Option sind Polster mit einer Schicht aus Messingfolie unter dem Leder. Sie haben eine glattere Oberfläche und eine längere Lebensdauer.

Polster aus anderen Materialien

Da Lederpolster ständig von der Feuchtigkeit in deinem Atem nass werden und anschließend wieder austrocknen, ist ihre Lebensdauer begrenzt. Wie bei Lederschuhen lässt sich ihr Bestzustand unter diesen Bedingungen nicht ewig erhalten. Mit Polstern aus synthetischen Materialien oder Gummizusätzen vermeidet man diese Probleme. Als diese neuen Polster vorgestellt wurden, stießen sie zunächst auf großen Widerstand. Im Lauf der Jahre wurden sie ständig verbessert, und dementsprechend wuchs auch ihre Akzeptanz.

Teurer

Synthetische Polster sind teurer als Lederpolster. Auf der anderen Seite sind sie unproblematischer, zuverlässiger und langlebiger. Außerdem soll ihr reduziertes Gewicht die Action verbessern.

SPIELEN

Um hören zu können, wie gut ein Saxophon wirklich ist, musst du es spielen. Solltest du ein blutiger Anfänger sein, dann nimm einen erfahrenen Saxophonisten mit, der die Tests auf den folgenden Seiten durchführt.

Das Mundstück

Um ein Saxophon testen zu können, brauchst du ein gutes Mundstück. Dasjenige, das mit dem Instrument mitgeliefert wird, ist wahrscheinlich weder für dich noch für das Saxophon das geeignetste... Hast du ein eigenes Mundstück? Dann benutze es. Willst du noch mehr wissen? Dann geh zu Kapitel 7, *Mundstücke und S-Bögen*.

Das Blatt

Da das Blatt der eigentliche Klangerzeuger ist, versteht es sich von selbst, dass du ein gutes zur Hand haben solltest. Kapitel 8 sagt dir alles, was du darüber wissen musst.

Die problematischsten

Der erste Test auf jedem Saxophon besteht darin, durch Drücken der Klappe 1 mit dem linken Zeigefinger ein B zu spielen. Von da an spielst du die Tonleiter Note für Note abwärts, bis du das tiefe B♭ erreicht hast. Die tiefsten Töne sind am problematischsten. Wenn das Saxophon auch nur ein wenig undicht ist, werden sie nur schwer ansprechen.

Leichter Druck

Um das Saxophon wirklich auf Herz und Nieren zu prüfen, verwende so wenig Luftdruck wie möglich und drücke nur ganz leicht auf die Klappen. Sobald du fester blasen oder drücken musst, um einen Ton herauszubekommen, weißt du, dass etwas nicht stimmt.

Plop

Das Betätigen der Klappen, ohne zu blasen, sollte eine Serie volltönender, plop-ähnlicher Klänge erzeugen. Das ist das Geräusch, das die Polster machen, wenn sie die Tonlöcher perfekt schließen. Dieses solide, beruhigende Plop bedeutet jedoch nicht unbedingt, dass du ein fantastisches Saxophon gefunden hast …

INTONATION

Um die exakte Höhe eines Tons zu bestimmen, verwendest du deinen Ansatz und deinen Luftstrom. Dies zu erlernen braucht etwas Zeit, aber es bleibt dir nichts anderes übrig, denn ein Saxophon stimmt niemals perfekt. Aber je besser die Intonation des Instruments ist, desto weniger musst du selbst korrigieren.

Warum nicht?

Warum stimmt ein Saxophon niemals hundertprozentig? Das wäre zum Beispiel nur dann möglich, wenn jede Note ihr eigenes Oktavloch hätte. Und dafür gibt es ganz einfach keinen Platz. Ein weiterer Grund? Die Höhe einer Note wird größtenteils durch die Lage des Tonlochs auf dem

Rohr bestimmt. Liegt das Tonloch zu hoch, dann ist auch der Ton zu hoch. Logisch. Da die Positionen aller Tonlöcher miteinander in Beziehung stehen, ist es schwer, wenn nicht gar unmöglich, alle Löcher an ihre optimale Stelle zu legen. Zum Beispiel ist das hohe Cis immer ein wenig zu hoch. Sobald einer Hersteller etwas dagegen tut, riskiert er, dass andere Töne zu tief werden. Im Prinzip geht es darum, wie bei so vielen anderen Instrumenten einen Kompromiss zu finden.

Extreme Fälle

Auf manchen Saxophonen extrem minderwertiger Qualität können bisweilen viele Tonlöcher an der falschen Stelle liegen. Solche Instrumente können fast unmöglich sauber gespielt werden. Ein Hinweis: Sollte der Preis eines neuen Saxophons zu gut *klingen*, um wahr zu sein, dann *ist* er vielleicht auch zu gut, um wahr zu sein.

Violine oder Kontrabass

Ein falscher hoher Ton ist leichter zu erkennen als ein falscher tiefer Ton. Deshalb ist es besser, einen Nachbarn zu haben, der Kontrabass lernt, als einen, der versucht, die Violine zu meistern. Dasselbe gilt für Saxophone. Ein Tenor-Saxophon ist in Bezug auf die Intonation leichter zu spielen als ein Alt-Saxophon und ein Alt-Saxophon leichter als ein Sopran.

Offenes Cis

Der erste Schritt, die Intonation eines Instruments zu testen, besteht darin, zunächst das offene Cis (keine Klappe gedrückt) und das D (alle Perlmuttklappen und die Oktavklappe gedrückt) zu spielen. Normalerweise ist das Cis ein wenig zu tief und das D eine Spur zu hoch.

Andere Intervalle

Dann spielt man größere Intervalle wie Quinten (C-G, D-A usw.) und Oktaven (C mit und ohne Oktavklappe usw.) und achtet darauf, ob sie stimmen. Ein Tipp? Verwende ein elektronisches Stimmgerät.

Stimmen, undichte Stellen und Klappenabstände

Die Intonation eines Saxophons kann erst beurteilt werden, wenn es gestimmt wurde (siehe Kapitel 9, *Vorher und nach-*

her). Ist dein Saxophon zu hoch oder zu tief gestimmt, dann stimmt auch die Relation der Töne untereinander nicht mehr. Falsche Töne können auch das Resultat falsch eingestellter Klappenabstände sein. Klappen, die zu weit aufgehen, haben möglicherweise zu hohe Töne zur Folge und umgekehrt. Und ein undichtes Saxophon intoniert ebenfalls schlecht. Tipps zum Auffinden undichter Stellen findest du auf Seite 58.

Test für Fortgeschrittene

Hier ein Stimmtest für Fortgeschrittene. Durch Angleichen deines Luftstroms kannst du eine Reihe von Tönen spielen, ohne deine Griffe zu verändern. Das bedeutet, du spielst die *Obertonreihe* oder die *Obertöne* eben dieser Note. Wenn du ein tiefes B♭ greifst, ist der erste Oberton das B♭ eine Oktave höher, der zweite ein F darüber, dann das nächste B♭, dann das D darüber usw. Sollten all diese Töne stimmen und leicht ansprechen, dann hast du zumindest ein akzeptables Instrument gefunden.

Deine Intonation

Bisher wurde die Bezeichnung „Intonation" nur in Verbindung mit dem Instrument verwendet. Sie kann sich aber auch auf den Musiker beziehen. Verfügst du über eine gute Intonation, dann stimmen deine Töne auch auf einem Saxophon, das nicht stimmt.

Der beste Kauf

Je weniger ein Saxophon stimmt, desto besser musst du spielen können, damit es akzeptabel klingt. Anfänger sind daher gut beraten, eher ein Saxophon zu kaufen, das gut intoniert, als eines, das schön klingt, aber nicht stimmt. Am besten aber kaufst du ein Instrument, das beide Vorzüge in sich vereint.

ABER KLINGT ES DENN GUT?

Die letzten Seiten handelten vom technischen und mechanischen Zustand des Saxophons und wie man herausfindet, ob es gut intoniert. Bleibt noch eine Frage: wie klingt es? Hier einige Ideen.

Fünf Saxophonisten, fünf Sounds

Lass fünf Saxophonisten dasselbe Instrument spielen und du erhältst fünf verschiedene Sounds. Wie ein Saxophon klingt, hängt in erster Linie vom Saxophonisten ab. Hilft es da, wenn jemand anderes für dich einige Instrumente anspielt? Ja. Er wird zwar auf jedem anders klingen als du, aber der individuelle Klangcharakter eines jeden Instruments bleibt dennoch konstant. Das Instrument, das bei einem anderen heller klingt, wird wahrscheinlich auch bei dir heller klingen.

Die Wand

Wenn du selbst einige Saxophone ausprobierst, stelle dich vor eine Wand. So kannst du den Sound besser beurteilen, weil er, anstatt sich im Raum zu verlieren, von der Wand reflektiert wird.

Verschiedene Saxophone, verschiedene Sounds

Warum klingt ein Saxophon so wie es klingt? Die exakte Zusammensetzung und Dicke des Messings spielen eine Rolle, ebenso die Art und Weise, wie das Material bearbeitet und ausgestattet wurde. Ein weiterer Faktor ist die Glätte der Innenseite des Instruments. Eines der Hauptelemente ist jedoch die Form des Rohrs: und zwar wie es sich verbreitert (die professionelle Bezeichnung lautet *Bohrung*, obwohl die Form nicht durch Ausbohren entsteht). Letztendlich sind diese technischen Details jedoch weniger wichtig, interessant und musikalisch als der Sound, der aus dem Saxophon herauskommt.

Klänge und Wörter

Beim Lesen oder im Gespräch über Saxophonsounds stößt man auf Bezeichnungen wie dünn, breit und fett, bis massiv, hell, grün, dumpf, seicht, abenteuerlich, braun, langweilig, blau, heavy usw., Wörter, die für jeden etwas anderes bedeuten. Je mehr du aber über Sounds liest und sprichst, desto leichter wird es, dir den Sound deines Lieblingsinstruments auszumalen und ihn zu beschreiben. Und das erleichtert dir das Auffinden dieses Instruments.

Klassisch oder funky?

Jedes Saxophon hat seinen eigenen Charakter. Du magst ihn sehr oder ein wenig, oder gar nicht, oder du bist dir nicht sicher. Das ist eine Sache des Geschmacks – solange du sichergehst, dass du am Ende nicht das „falsche" Instrument hast. Manche Marken und Serien werden zum Beispiel in erster Linie für klassische Musik hergestellt. Mit so einem Horn kannst du zwar auch in einer Funkband abdrücken, aber ein anderes Instrument wäre vielleicht geeigneter.

Worauf man hören sollte

Höre beim Ausprobieren eines Saxophons auf Qualität und Ausgeglichenheit des Tons. Achte darauf, wie leicht es anspricht und wie gut es extrem laut und extrem leise spielt.

Ausgeglichenheit

Jedes Horn klingt im tiefen Register voller und fetter. Im oberen Register wird der Ton dünner und kompakter. Bei einem guten Instrument verläuft der Übergang fließend. Der Test: Spiele das Saxophon von oben nach unten und von unten nach oben, sowohl laut als auch leise. Ändert sich die Tonqualität ganz plötzlich von einem Ton zum andern oder sind bestimmte Töne besonders auffällig, dann probierst du es besser mit einem anderen Horn. Ein besonders kritischer Punkt ist der Übergang zwischen den Registern, vom offenen Cis zum D einen Halbton höher. Wenn du von unten nach oben spielst, ist D der erste Ton, bei dem die Oktavklappe gedrückt wird.

Die Ansprache

Dieser Test zeigt dir, wie das Saxophon anspricht. Kommen alle Töne leicht und reibungslos, selbst wenn du ganz leise im tiefen Register spielst? Je leichter ein Instrument anspricht, desto leichter lässt es sich spielen.

Laut und leise

Spiele das Saxophon so laut wie möglich. Gerät es völlig außer Kontrolle oder kannst du selbst bei diesem Pegel einen zentrierten, dichten Sound erzeugen? Und was geschieht, wenn du ganz leise spielst? Kommen die Töne ganz leicht oder klingt es nur dann voll, wenn es laut gespielt wird?

GEBRAUCHTE INSTRUMENTE

Wenn du den Kauf eines gebrauchten Instruments in Erwägung ziehst, gibt es noch einige zusätzliche Dinge, auf die du dein Augenmerk richten solltest. Und auch deine Nase. Spezielle Tipps zum Kauf von Saxophonen aus den sechziger Jahren oder noch früher findest du am Ende dieses Kapitels.

Der Lack

Man braucht keine Lupe, um den Unterschied zwischen neuen und alten Instrumenten zu sehen; letztere haben oft sehr viel weniger Lack… Macht das einen Unterschied? Nicht in Bezug auf den Sound. Obwohl ein prächtiges, glänzendes und neues Instrument sehr verlockend aussehen und spielen kann, sagt dir vielleicht ein älteres Horn wegen seines Sounds oder der Art, wie es sich anfühlt, oder aus beiden Gründen, mehr zu. Gebrauchte Saxophone, vor allem Oldtimer, können ein ebenso guter Kauf sein wie ein neues, das denselben Preis kostet.

Neu lackiert

Vielleicht stößt du auf ein älteres Saxophon, das mit einer schönen Lackschicht überzogen ist. Dann wurde es vermutlich neu lackiert. Bedenke, dass ein Instrument zu diesem Zweck erst einmal abgeschliffen werden muss. Dadurch wird das Metall dünner, und im Klappensystem entsteht möglicherweise ein Spiel. Wird zu viel Lack aufgetragen, wird der Klang dumpf. Auf der anderen Seite gibt es Instrumente, die nach der Neulackierung besser als vorher klingen.

Dellen

Eine kleine Delle im Schallbecher ist keine Katastrophe. Aber je weiter oben sie auf dem Instrument ist, desto ärgerlicher ist sie. Auf dem S-Bogen kann selbst die winzigste Delle sowohl die Intonation als auch die Klangfarbe beeinträchtigen. Dellen im Korpus können Teile des Klappensystems verrücken, so dass manche Klappen nicht mehr einwandfrei funktionieren. Ebenso können Dellen die Härte des Korpus verändern, was sich unter Umständen auf den Ton auswirkt. Neben der Schwere des Schadens hängen die Kosten für das Ausbeulen von Dellen von deren Zugänglichkeit ab.

Spiel

Falls ein gebrauchtes Saxophon eine federleichte Action besitzt, dann sind wahrscheinlich die Federn alt und ausgeleiert. Sollten sie nicht so weit justiert werden können, dass sie wieder stärker werden, dann müssen sie ausgewechselt werden. Vielleicht ist in den Achsen aber auch zu viel Spiel. Eine Achse soll lediglich rotieren, nicht aber hin und her wackeln. Um ein Instrument gründlich zu inspizieren, untersuche alle beweglichen Teile auf übermäßiges Spiel. Soll man sich auch über ein wenig Spiel Sorgen machen? Ja, weil es nämlich nur noch schlimmer wird. Ein Fachmann kann das Spiel natürlich verringern. Aber je schlimmer es ist, desto komplizierter und teurer ist die Reparatur.

Rost

Überprüfe die Enden der Achsen und die Schrauben auf Anzeichen von Rost. Rostige Teile können die Mechanik drastisch verlangsamen.

Lötstellen

Sichtbare Lötkleckse sind ein Zeichen, dass das Instrument schlampig repariert wurde. Eine saubere Arbeit ist zwar vorzuziehen, aber eine schlampige Reparatur ist nicht unbedingt gleich eine schlechte Reparatur. Dennoch solltest du bei einem solchen Instrument besonders aufmerksam sein.

Der S-Bogen

Manches gebrauchte Saxophon hat einen S-Bogen von einer anderen Firma. Das könnte sich negativ auf die Intonation und der Ansprache auswirken. Willst du mehr darüber wissen? Schau auf Seite 75 nach.

Ein passender Sitz

Weil wir gerade bei S-Bögen sind: Überprüfe immer den *Kork*, auf den das Mundstück gesteckt wird. Ist er in gutem

Zustand, fällt er nicht auseinander, ist er nicht etwa ausgeleiert oder übermäßig zusammengedrückt, und passt dein Mundstück drauf? Sieh nach, ob der S-Bogen gut auf dem Korpus sitzt und in der Halsaufnahme kein Spiel ist. Sollte letzteres der Fall sein, dann entweicht Luft, was sich auf Intonation und Ansprache des Saxophons auswirkt.

Der verbogene S-Bogen

Und dann gab es da noch dieses Tenor, das so klang, als würde es bei den Tönen D, E und F nicht richtig schließen – aber die Polster deckten. Das Problem lag am S-Bogen, der sich nur ganz leicht verbogen hatte. Als hätte sich jemand dagegen gelehnt… Da speziell Tenor-Saxophone einen empfindlichen S-Bogen haben, lass deine Finger über ihn gleiten und stelle fest, ob die Seiten vom Kork bis zum Zapfen am Ende eine perfekte Rundung haben.

Das Perlmutt

Ist das Perlmutt bereits von den Klappen abgegangen? Das ist ein sicheres Zeichen, dass das Saxophon viel gespielt wurde. Aber mach dir keine Gedanken. Saxophone nutzen sich nicht so schnell ab wie, sagen wir mal, Autos und das Perlmutt kann natürlich ersetzt werden.

Undichte Polster?

Vermutest du ein undichtes Polster? Schiebe ein Stück Papier darunter, schließe das Polster sanft und zieh das Papier weg. Wenn du keinen Widerstand fühlst, hast du wahrscheinlich ein undichtes Polster gefunden.

Kontrollleuchte

Falls zum Beispiel das tiefe C schlecht anspricht, bedeutet das noch lange nicht, dass die C-Klappe die Hauptschuldige ist. Die undichte Stelle könnte auch höher sitzen. Das ist aber beim Spielen nur sehr schwer festzustellen. Instrumentenbauer verwenden eine *Kontrollleuchte*, die sie in das Instrument hineinstecken. Und wo Licht austritt, tritt auch Luft aus.

Ein wirklich schlechtes Saxophon?

Selbst wenn das Instrument von oben bis unten undicht ist, solltest du nicht gleich davon ausgehen, dass es ein Schrotthaufen ist. Aber es bedeutet, dass man viel Arbeit hineinstecken muss. Manche Saxophone können mit ein paar neuen Polstern kuriert werden, während andere vielleicht eine Generalüberholung benötigen, die dich leicht zweihundert bis fünfhundert oder sechshundert Euro kosten kann.

Klappertest

Gebrauchte Saxophone sollten immer auf Klappengeräusche untersucht werden. Nimm dir dabei jede Klappe einzeln vor und achte auf das Geräusch von Metall auf Metall und Klappern, das auf ausgeleierte oder fehlende Filze oder Kork, verbogene Achsen bzw. Klappen oder andere Missstände schließen lässt. Manche Probleme sind leicht zu beheben, andere wiederum nicht. Der Kauf eines Saxophons in einem angesehenen Musikgeschäft verhindert teure Überraschungen.

Zu hoch, zu tief

Einige ältere Instrumente haben eine höhere oder tiefere Standardstimmung und es kann schwierig oder unmöglich sein, sie mit anderen Instrumenten in einer Gruppe zusammenzustimmen. Und wenn man ein solches Saxophon aber nur zum Üben verwendet? Auch das ist ein Problem, denn du gewöhnst dich an diese spezifische Stimmung. Sobald du wieder auf ein Saxophon mit Standardstimmung wechselst, musst du deine Intonation und dein Gehör umstellen.

HP, LP

Saxophone mit einer höheren Standardstimmung können an der Abkürzung HP (high pitch) oder der Angabe A = 902 oder A = 451 erkannt werden. Die Standardstimmung beträgt jedoch 440 Hz*. LP, oder eine Zahl unter 440 bzw. 880 weist auf ein Instrument mit einer tieferen Stimmung hin. Diese Angaben stehen normalerweise unter dem Daumenhalter oder auf dem Schalltrichter. Die Standardstimmung eines Instruments erkennst du auch an seiner Länge:

* *Instrumente werden für gewöhnlich nach klingend A gestimmt, was 440 Schwingungen in der Sekunde entspricht (= 440 Hz). Wenn man diese Note zum Beispiel auf einer Gitarre spielt, schwingt die Saite 440 mal pro Sekunde. Manche Bands und Orchester benutzen einen ein wenig anderen Stimmton wie 442 Hz oder 445 Hz.*

Ein höher gestimmtes Instrument ist zwei bis drei Zentimeter kürzer als ein Saxophon mit Standardstimmung und umgekehrt.

Puh!

Wenn du ein älteres Saxophon ausprobierst und dir aus dem Koffer ein schlimmer Geruch entgegenströmt, dann hast du entweder ein schlecht gewartetes Instrument vor dir oder eines, das sehr, sehr lange nicht mehr benutzt wurde. Oder einfach einen muffelnden Koffer – der das Ergebnis eines der beiden Probleme ist. Aber mach dir nichts daraus: Das Instrument kann gesäubert werden und ein Koffer ist ersetzbar.

VINTAGE-SAXOPHONE

Viele professionelle Jazz- und Fusionmusiker bevorzugen ältere Instrumente, die angeblich dunkler und fetter als die heutigen Saxophone klingen und einen größeren Dynamikbereich haben sollen. Wenn du derselben Meinung bist, musst du dich auf gewisse Dinge einstellen. Ein Saxophonist stellte es so dar: „Immer wenn ich mich in den Sound eines Saxophons verliebe, stimmt irgend etwas mit dem Instrument nicht. Zum Beispiel stimmt der eine oder andere Ton nicht. Okay, na ja … was soll's."

Nicht alle gleich

Nicht jedes Vintage-Saxophone ist gut. Zusätzlich waren in den alten Zeiten, als Saxophone noch in Handarbeit hergestellt wurden, die Unterschiede zwischen den einzelnen Instrumenten größer als heute. Ein berühmtes „Vintage Horn" muss nicht so gut wie ein anderes sein, selbst wenn es vom selben Hersteller stammt und dieselbe Serie aus demselben Jahr ist. Sei also vorsichtig. Beispiele für bekannte, ältere Saxophone findest du in Kapitel 14, *Marken*.

Kontrolle

Vintage-Saxophone sind kontrollierbarer als neue. Sie sind manipulierbarer. Sowohl in Bezug auf den Ton und die Art, wie sie klingen und sich anfühlen. Andererseits musst du aber auch ein fähiger Bläser sein, um diese Flexibilität noch kontrollieren zu können, so dass das Saxophon auch wirklich stimmt. Vintage-Saxophone sind bekannt für ihre

Intonationsprobleme und sie erfordern eine bessere Kontrolle über den Luftstrom.

Schwergängige Action

Die Action ist meist schwergängiger als auf den meisten modernen Saxophonen. Deine Finger brauchen vermutlich eine Weile, bis sie sich daran gewöhnt haben, vor allem auf Tenor- und Bariton-Saxophonen. Alt-Saxophone sind unproblematischer, da ihre Klappen näher beisammen liegen und du weniger Metall bewegst.

Position und Form der Klappen

In früheren Zeiten wussten die Hersteller weniger über die optimale Position und Form der Klappen (oder sie kümmerten sich weniger darum). Neue Saxophone liegen besser in der Hand und spielen sich leichter und bequemer, so wie sich eben auch ein neues Auto leichter fährt als eines aus den Dreißigern. Ein Beispiel? Die heutige Oktavklappe, die als eine Art Halbkreis um die Daumenauflage gewunden ist, spielt sich wesentlich leichter als die altmodische Knopfauflage.

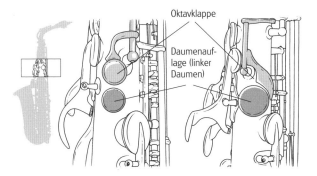

Links: Runde Oktavklappe auf einem Buescher Truetone, 1927. Rechts: Eine moderne Oktavklappe. Die Seitenklappen sind ebenfalls anders.

Manche haben sie, manche nicht

Alte Saxophone haben bisweilen Klappen, die neue nicht haben. Ein Beispiel dafür ist die Gis-Triller-Klappe, die mit dem rechten Mittelfinger bedient wird, um von G nach Gis zu trillern. Zusammen mit der Spezialklappe für den Triller von D nach Dis wurde sie auf manchen deutschen und amerikanischen Saxophonen vor 1940 verwendet.

Alte Mundstücke

Wenn du dir ein Saxophon von, sagen wir, vor den vierziger Jahren besorgst, kann es schwierig sein, ein passendes Mundstück zu finden. Moderne Mundstücke funktionieren normalerweise nicht so gut mit diesen Instrumenten. Bisweilen sprechen einige (oder viele) Töne nicht so gut an, so dass das ganze Saxophon unausgewogen klingt und nicht gut intoniert.

Viele Jahre

Abgesehen vom Sound und dem romantischen Image haben Vintage-Saxophone noch einen weiteren Vorteil: Bei guter Pflege bleibt ihr Wert noch viele weitere Jahre erhalten und steigt möglicherweise noch.

7. MUNDSTÜCKE UND S-BÖGEN

Gib einem schlechten Musiker ein erstklassiges Instrument und er wird nicht viel besser klingen. Gib einem erstklassigen Musiker ein minderwertiges Saxophon und er wird nicht so viel schlechter klingen. Der Sound fängt also bei dir selbst an. Dann kommt das Blatt und das Mundstück. Beide spielen für deinen Sound eine ganz wesentliche Rolle. Blätter werden detailliert in Kapitel 8 besprochen. Hier ist zunächst alles, was du über Mundstücke, S-Bögen und Blattschrauben wissen musst.

Dein Mundstück ist dann optimal, wenn du damit alles, was du möchtest, problemlos umsetzen kannst. Ein Mundstück muss passen wie ein Paar Schuhe. Was dir in deinem Fall passt, wird von deiner Technik, deinem Ansatz, der Form deines Mundes und der Lage deiner Zähne bestimmt – und schließlich auch noch von dem Sound, den du suchst. Das alles wiegt schwerer als jeder technischer Kram, mit dem du dich auf der Suche nach dem perfekten Mundstück herumschlagen musst. Es schadet jedoch nicht, ein wenig Licht auf diese technischen Begriffe zu werfen.

Wie es funktioniert

Die Vibration des Blatts lässt die Luft im Innern des Mundstücks vibrieren. Und genau die Art und Weise, wie diese Luft vibriert, hat viel mit dem resultierenden Sound zu tun. Die Bauweise des Mundstücks (Material, Form und Abmessungen) spielt in diesem Prozess eine entscheidende Rolle. Ein Beispiel? Deine Stimme wird in einer Toilette anders als in einem normalen Wohnzimmer klingen. Auch ein Mundstück besitzt ein „Zimmer": die Kammer. Eine andere Kammer erzeugt einen anderen Sound.

Was ist was

- Die *Tonkammer* hat ein *Fenster*, das vom Blatt bedeckt wird. Die Ränder oder Kanten des Fensters werden als *Schenkel* bezeichnet.
- Der *Tisch* (oder die *Auflage*) ist der flache Teil, an dem das Blatt auf dem Mundstück befestigt wird.
- Der Abstand zwischen der Spitze des Blatts und der Spitze des Mundstücks heißt *Öffnung.*
- Der Bereich, in dem sich das Mundstück vom Blatt wegbiegt, heißt *Bahn.*
- Die Kammerrückwand (*Baffle*) ist die obere Seite der Kammer.

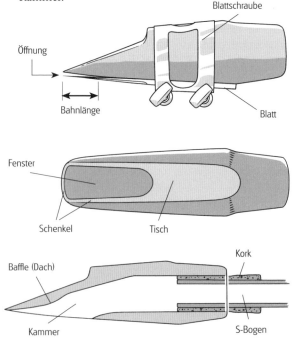

Ein Mundstück: von der Seite, von unten und im Querschnitt

Was zählt

Öffnung, Bahnlänge, Form der Kammerrückwand und Größe der Kammer sind die wichtigeren Variablen in Bezug auf Sound und Spielbarkeit des Mundstücks.

Offen oder geschlossen

Saxophonisten sprechen von *offenen* oder *geschlossenen Mundstücken*. Ein offenes Mundstück hat eine große Öffnung. Dies trägt zu einem größeren Sound bei und erfordert einen guten Ansatz sowie eine gut entwickelte Atemkontrolle. Ein geschlossenes Mundstück mit einer kleinen Öffnung spielt sich leichter und erzeugt eine weniger „offene", kontrolliertere Art von Sound.

Anfänger

Preisgünstige Saxophone sind in der Regel mit einem mittleren bis geschlossenen Mundstück ausgestattet, was sich gut für Anfänger eignet. Die Qualität dieser Mundstücke lässt jedoch manchmal zu wünschen übrig. Einige gute, für Anfänger empfehlenswerte Alternativen sind das Selmer C⋆, das Yamaha 5C und das Vandoren A25. Diese und ähnliche Mundstücke erleichtern dir das Spielen und helfen dir dabei, die Noten akkurat hervorzubringen.

Hunderte zur Auswahl

Sobald du eine Weile gespielt hast, kannst du deinen Sound mit einem professionellen Mundstück verbessern – und davon gibt es buchstäblich Hunderte. Und es gibt nur eine Methode, herauszufinden, welches dir am besten liegt: Probier sie aus. Alle? Nein, nicht wirklich. Hier einige Tipps.

Eine Hand voll reicht schon

Je nachdem, wie gut du spielst, was und wie du spielst und was du suchst, kannst du dir leicht eine Hand voll Mundstücke aussuchen, oder du lässt den Verkäufer die Auswahl für dich vornehmen. Dann kannst du dich an die Arbeit machen und eines nach dem anderen ausprobieren. Spüre, wie sie sich anfühlen, achte auf ihren Klang, finde heraus, wie gut sie ansprechen und wie leicht sie sich spielen lassen. Auf deinem eigenen Saxophon natürlich, da ein Mundstück auf einem anderen Instrument wieder anders reagiert. Kannst du nicht finden, was du suchst? Dann vergrößere die Auswahl.

Zwei von drei

Selbst eine relativ kleine Auswahl kann einen verrückt machen. Wie geht man damit um? Beginne mit drei Mundstücken. Ersetze das, was dir am wenigsten gefällt, durch ein anderes. Probiere weiter. Ersetze das, was dir am wenigsten gefällt, durch ein anderes. Und so weiter. Funktioniert auch gut mit Saxophonen!

Die Mischung macht es

Es gibt spezielle Mundstücke für klassische Musik, mit einer dunkleren, engeren, feineren, runderen Art von Sound. Einem Sound, der sich gut mit anderen Instrumenten mischt. Dadurch eignen sich diese Mundstücke auch gut für symphonische Blasorchester, Marschkapellen und ähnliche Ensembles. Auf der anderen Seite gibt es Mundstükke, die eine große Lautstärke und einen hellen, rauen und schneidenden Sound erzeugen. Wie du sofort hören wirst, sind sie nicht dazu bestimmt, sich mit anderen Instrumenten zu mischen, sondern hervorzustechen, selbst in einer lauten Band.

Irgendwo dazwischen

Zwischen diesen Extremen liegen die Mundstücke, die mit dem Gedanken an ein Jazzquartett oder eine Big Band entworfen wurden. Je mehr du über Mundstücke weißt, desto leichter kannst du diejenigen überspringen, die für dich ungeeignet sind, und dich auf diejenigen konzentrieren, die deinen Bedürfnissen entsprechen. Lies also weiter. Und sprich mit jedem, der etwas darüber weiß.

Das Preisschild

Das Preisschild kann ebenfalls ein entscheidender Faktor in deiner Auswahl sein. Ein gutes Mundstück kostet dich zwischen fünfzig und zwei bis dreihundert Euro, aber du kannst auch die Fünfhundert-Euro-Marke anpeilen.

DIE UNTERSCHIEDE

Was sind die Unterschiede zwischen großen und kleinen Öffnungen, oder zwischen verschiedenen Bahnlängen und Dächern? Und was ist der Unterschied zwischen Kautschuk- und Metallmundstücken? Falls du dich damit nicht beschäftigen willst, gehe zu den Einkauftipps auf Seite 73.

Eigene Vorstellungen

Jeder Hersteller hat bezüglich seiner Mundstücke seine ganz eigenen Vorstellungen und die Anzahl der daraus resultierenden Variablen ist so groß, dass man den Verstand verlieren könnte. Beispiele? Bei manchen Marken nimmt die Bahnlänge proportional zur Öffnung zu. Andere Hersteller bieten zwei oder drei Bahnlängen an, kombiniert mit mehr als zehn verschiedenen Öffnungen. Und wieder andere stellen drei Mundstücke mit derselben Bahnlänge und Öffnung her, aber jeweils mit Kammern unterschiedlicher Form und Größe…

Übereinstimmende Typen

Jeder Hersteller hat sein eigenes System und danach benennt er auch sein Mundstück. Ein Beispiel: Die meisten Marken haben ein Alt-Mundstück mit der Öffnung von 1,8 mm (= 70/1 000″). Berg Larsen nennt es ein 70er, Brilhart nennt es ein 3er, Dukoff ein 5er und Lawton ein 6er, Vandoren ein A15 und Selmer ein C*. Verwirrt? Wer wäre das nicht.

Vergleichstabellen

Das System von Berg Larsen scheint am meisten Sinn zu machen. Ihr „70" entspricht direkt der tatsächlichen Größe von 70/1 000″ (1,8mm). Zum Glück gibt es Vergleichstabellen, in denen vergleichbare Typen und Größen verschiedener Marken dargestellt sind. Du findest sie in Musikgeschäften und im Internet.

Eine Konstante

Wenigstens gibt es in der Klassifizierung von Mundstükken eine Konstante: je höher die Zahl, desto offener das Mundstück. Ein 6er ist also immer offener als ein 5er derselben Marke. Unglücklicherweise kann es aber auch offener als ein 7er eines anderen Herstellers sein…

Stern

Für Mundstücke, deren Öffnung zwischen, sagen wir mal, einem 5er und einem 6er liegen, verwenden die meisten Hersteller einen Stern (*). Ein 5*, gesprochen fünf Stern, spielt sich immer etwas schwerer als ein 5er. Bei der einen Marke liegt das an der größeren Öffnung, während eine andere sowohl eine größere Öffnung als auch eine längere Bahn verwendet. Und ein dritter Hersteller verwendet vielleicht eine kürzere Bahn – was mit derselben Öffnung ebenfalls den Effekt hat, dass sich das Mundstück schwerer spielen lässt. Auch das ist wiederum verwirrend. Generell bedeutet der * jedoch eine Vergrößerung der Öffnung um 0,13mm (5/1 000″).

Das gesamte Mundstück

Konzentriere dich beim Kauf eines Mundstücks nicht nur auf die Öffnung. Schließlich ist es möglich, dass sich zwei Mundstücke mit derselben Öffnung völlig unterschiedlich spielen. Eines davon hat vielleicht eine größere Kammer oder eine andere Bahnlänge oder ein höheres Dach. Was immer. Betrachte das Mundstück also immer in seiner Gesamtheit und nicht nach isolierten Spezifikationen. Und spiele es an.

Alles hängt miteinander zusammen

Bei Mundstücken kann man nicht einfach die Variablen nebeneinander legen und vergleichen. Schließlich können sich zwei Mundstücke mit identischen Öffnungen aufgrund der jeweiligen Kammern, Dächer, Bahnen usw. radikal voneinander unterscheiden. Unter diesem Aspekt mögen die folgenden Tipps nur als allgemeiner Leitfaden gelten.

DIE ÖFFNUNG

Für ein und denselben Saxophontypus ist die größte Öffnung normalerweise zweimal (!) so groß wie die kleinste. Die folgende Tabelle zeigt einige Zahlen.

Inches und Millimeter

Die meisten Hersteller geben ihre Maße in Tausendstel von einem Zoll (Inch) an, so dass zum Beispiel die Zahl 70 für 70/1 000″, oder 0,070 steht. Du kannst Zoll bzw. Inch in das metrische System umrechnen, indem du mit 0,0254 multiplizierst: 0,0254 x 70 = 1,8 mm

	die gängigsten	kleinste Öffnung	größte Öffnung
Alt	70–100 (1,8–2,5 mm)	50 (1,3 mm)	125 (3,2 mm)
Tenor	90–120 (2–3 mm)	55 (1,4 mm)	145 (3,7 mm)

Ein Mundstück mit einer kleineren Öffnung:

- erzeugt einen kleineren, dünneren, engeren Ton;
- ist leichter zu kontrollieren;
- verbessert die Ansprache des Instruments;

- eignet sich besser für klassische Musik, Symphonische Blasorchester und Marschkapelle;
- erzeugt eine geringere Lautstärke und lässt sich leiser spielen;
- erfordert ein härteres Blatt.

Ein Mundstück mit einer größeren Öffnung:
- erzeugt einen größeren, offeneren und muskulöseren Sound mit mehr Fülle;
- ist schwerer zu spielen;
- eignet sich besser für Jazz, Rock und Pop und weniger für klassische Musik, Symphonische Blasorchester oder Marschkapellen.
- erzeugt eine größere Lautstärke. Leise Töne sind schwerer zu spielen;
- bietet mehr Möglichkeiten der Sound- und Intonationskontrolle;
- erfordert ein weicheres Blatt.

Ein Anfänger?
Der Anfänger tut sich mit einer Kombination aus sehr kleiner Öffnung und hartem Blatt schwer, und mit einem weichen Blatt und einer großen Öffnung wird sein Sound womöglich eher wacklig. Am besten ist es daher, für den Anfang ein Mundstück mit kleiner bis mittlerer Öffnung zu wählen.

Die härteste Kombination
Eine große Öffnung mit einem harten Blatt ist sehr schwer zu spielen. Diese Kombination erzeugt auch den größten Sound, weshalb du sie hauptsächlich auf den Saxophonen professioneller Jazz- und Rockmusiker findest.

DIE BAHNLÄNGE
Eine größere Öffnung bedeutet, dass das Blatt eine größere Distanz zurücklegen muss. Ein größerer Teil des Blatts muss daher vibrieren können. Eine längere Bahn gestattet ihm diese Freiheit.

Eine Länge für jede Öffnung
Mundstücke werden normalerweise nach ihren Öffnungen klassifiziert, und die meisten Hersteller haben für jede

Öffnung eine bestimmte Bahnlänge. Mit anderen Worten: Die Bahnlänge wird gewissermaßen automatisch mit der Öffnung mitgeliefert.

Die Wahl einer Bahnlänge

Andere Hersteller, wie Brilhart, Berg Larsen und Meyer, bieten Mundstücke mit unterschiedlichen Bahnlängen für die gleiche Öffnung an. Jedes Meyer-Mundstück ist zum Beispiel mit einer kurzen, mittleren und langen Bahn erhältlich. Brilhart ist eine der Firmen, bei der sich der Stern auf die Bahnlänge und nicht auf die Öffnung bezieht. Ein 5er Altmundstück hat eine Bahnlänge von 22,2 mm (0,0875''), während die Bahnlänge des 5* 20,6 mm (0,0750'') beträgt.

Eine längere Bahn

Viele Instrumentalisten sind der Meinung, dass eine längere Bahn den Sound volltönender und markiger macht. Eine größere Öffnung lässt sich damit auch leichter kontrollieren. Eine zu lange Bahn auf einem Mundstück mit einer kleinen Öffnung erzeugt einen dumpfen und leblosen Sound.

Die Maße

Alt-Saxophone haben Bahnlängen zwischen annähernd 15 mm (0,600''; sehr kurz) und 25 mm (0,1000''; sehr lang). Auf Tenormundstücken liegen sie ungefähr zwischen 17 mm (0,670'') und 30 mm (1,175'').

KAMMER, KAMMERRÜCKWAND, SCHENKEL

Zusätzlich zu den Öffnungen und Bahnlängen können auch die Größe und Form der Kammer, die Kammerrückwand und die Schenkel variieren.

Die Kammer

Eine Anzahl von Marken bieten eine Auswahl verschiedener Kammergrößen an – einer weiteren, wichtigen Variablen. Eine größere Kammer erzeugt einen „breiteren", dunkleren, runderen und weicheren Ton. Ein Mundstück mit einer solchen Kammer ist flexibler und der Sound lässt sich besser kontrollieren. Mit einer kleineren Kammer erhältst du einen kleineren, engeren und helleren Sound.

Die Kammerrückwand

Wenn du das Ende eines Gartenschlauchs zusammendrückst, erhältst du einen kräftigeren Wasserstrahl. Ebenso verhält es sich bei einem Mundstück mit der Kammerrückwand (*Baffle*): Dein Sound wird kräftiger, aggressiver und heller. Je höher die Kammerrückwand ist, desto gebündelter wird der Luftstrom und umso stärker ist der Effekt. Ein Mundstück mit einer niedrigen oder mit gar keiner Kammerrückwand erzeugt einen weicheren und wärmeren, kontrollierbareren und direkteren Klang.

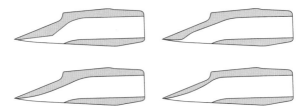

Verschiedene Kammerrückwände

Klassisch oder rüpelhaft

In klassischen Orchestern, symphonischen Blasorchestern und Marschkapellen ist ein warmer, gleichmäßiger Klang erwünscht, weshalb hierfür Mundstücke ohne Baffle oder mit einer niedrigen Baffle am besten geeignet sind. Stehst du aber mehr auf Heavy und Hard, dann besorgst du dir besser ein Mundstück mit großer Baffle. Aber du musst damit umgehen können. Wenn nicht, dann kiekst du mehr als dir und allen anderen lieb ist.

Die Schenkel

Ein fortgeschrittener Instrumentalist wird mit einem Mundstück mit schmalen Schenkeln einen klaren Sound erzeugen, während sich für den weniger erfahrenen Bläser die Gefahr des Kieksens erhöht. Dickere Schenkel erzeugen einen weniger brillanten, dunkleren, „fetteren" Sound und erleichtern das Spielen leiser Töne. Billige Mundstücke haben normaler-

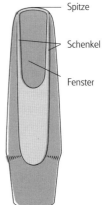

Spitze

Schenkel

Fenster

weise dickere Schenkel – aber nicht wegen ihrer Klang-
oder Spieleigenschaften, sondern weil sie leichter herzustellen sind.

Ein Blick durch die Bohrung

Wenn du durch die Bohrung des Mundstücks hindurch-
schaust, von der gegenüberliegenden Seite der Spitze aus,
siehst du entweder eine runde oder eine viereckige Öffnung oder auch eine andere Form. Die Form dieser Öffnung (*throat*) bewirkt etwas. Allgemein gesagt bewirkt eine
offene Bohrung einem dunklen, fetten Sound. Eine enge-
re Bohrung hilft bei der Erzeugung eines flachen, hellen
Sounds und lässt dich vielleicht im oberen Register etwas
zu hoch intonieren.

MATERIALIEN

Die meisten Mundstücke werden aus Metall oder Kautschuk hergestellt. Kautschuk, auch *Ebonit* genannt, ist
das gängigste Material für klassische Mundstücke. Metallmundstücke findet man dagegen häufig auf Bühnen, wo
lautere Musik gespielt wird. Es gibt aber auch scharf klingende Kautschukmundstücke und ebenso Metallmundstücke für klassische Musiker.

Vergleiche die Abmessungen

Wenn du ein Kautschuk- und ein Metallmundstück mit
exakt denselben Abmessungen ausprobierst, werden sie
sich im Klang ähnlicher sein als zwei Kautschuk- oder
zwei Metallmundstücke mit unterschiedlichen Abmessungen. Daraus folgt? Das Material ist nicht so entscheidend
wie die Abmessungen.

Stahl oder Bronze?

Man kann also nicht sagen, dass Mundstücke aus Bronze
grundsätzlich voller oder dunkler klingen als Mundstücke
aus Stahl. Auch hier hat das Ergebnis eher etwas mit den
Abmessungen als mit dem Material zu tun.

Plastik

Die billigsten Mundstücke werden aus Plastik hergestellt.
Ihre Klangfarbe liegt irgendwo zwischen der von Ebonit-
und Metallmundstücken. Namenlose Plastikmundstücke,

die auf preiswerten Saxophonen zu finden sind, werden deinem Spiel nicht sehr förderlich sein.

Andere Materialien

Manche Hersteller verwenden andere Materialien, wie zum Beispiel eine Mischung aus Graphit und anderen Materialien, und eine begrenzte Zahl von Herstellern macht sogar Holz- oder Glasmundstücke.

Der Größenunterschied

Es gibt einen weiteren Unterschied, den du sofort spürst: die meisten Metallmundstücke sind ein wenig kleiner als Kautschukmundstücke. Dein Mund ist daher etwas weniger geöffnet, was sich nicht nur anders anfühlt, sondern auch einen etwas anderen Ton zur Folge haben kann.

Die Bissplatte

Weil deine oberen Zähne beim Spielen auf dem Mundstück liegen, spürst du einen der Unterschiede zwischen Metall- und Kautschukmundstücken sofort: Metall vibriert stärker. Die meisten Metallmundstücke haben deshalb eine *Bissplatte* aus Kautschuk, die diesen Effekt bis zu einem gewissen Grad reduziert. Ist die Vibration immer noch zu groß? Dann verwende eine zusätzliche Bissplatte oder zwei. Einige Saxophonisten verwenden diese weichen, selbstklebenden Polster auch auf Kautschukmundstücken, weil sie zusätzlich verhindern, dass man die Abdrücke der Zähne auf dem Mundstück sieht. Mundstückplatten sind in unterschiedlichen Stärken erhältlich.

EINKAUFSTIPPS

Hier einige Einkaufstipps.

- Denke beim Kauf eines Mundstücks immer an deinen Ansatz und deinen Entwicklungsstand. Vermeide es, etwas zu kaufen, **das du noch nicht handhaben kannst**. Überlasse anderen Musikern, inklusive deinem Idol und deinem Lehrer, ihre eigenen Präferenzen.
- Mundstücke sind **wie Schuhe**. Mit denen, die deinem Freund passen, bekommst du Blasen, entweder wegen der Form deiner Füße, oder deiner Art zu gehen.
- Die Schenkel und der Tisch des Mundstücks sollten **ganz glatt** sein. Das gilt aber nicht unbedingt für das In-

nere des Mundstücks. Einige professionelle Mundstükke haben ein ziemlich rau aussehendes Inneres und klingen auch dementsprechend.

- Die Seitenschenkel müssen **gleichmäßig dick** sein.
- Die Spitze des Mundstücks sollte **dieselbe Form** wie die
  Spitze eines Blatts haben.
- Ist die Krümmung nicht auf beiden Seitenschenkeln
  gleich, dann hat das Mundstück **eine krumme Bahn**.
  Dieses Problem taucht häufig bei billigen Plastikmund-
  stücken auf.
- Bei manchen Mundstücken stimmen bestimmte Töne
  auf dem Saxophon plötzlich nicht mehr. Um das heraus-
  zufinden, musst du dein Saxophon für jedes Mundstück
  neu stimmen. Die Stimmlinie, die du auf den Kork des
  S-Bogen malst (siehe Kapitel 9), ist nicht für jedes Mundstück gültig, da diese unterschiedliche Längen und Dimensionen aufweisen.
- Ein neues Mundstück erfordert möglicherweise auch
  ein **anderes Blatt** als das, was du bisher benutzt hast.
  Härter, weicher oder vielleicht sogar von einer anderen
  Marke.
- Und schließlich: Wenn sich dein Saxophon nicht gut
  spielt, **lass erst das Instrument überprüfen**, bevor du
  dir ein neues Mundstück kaufst, und versichere dich,
  dass das Problem nicht an deinem Blatt liegt.

Einige Marken

Es gibt Dutzende von Mundstückmarken und Berg Larsen,
Dukoff, Guardala, Lakey, Otto Link, Meyer, Phil Barone,
Ponzol, Rousseau, Rovner und Runyon sind nur einige
der bekanntesten. Firmen wie Brancher, Selmer und Vandoren stellen sowohl Mundstücke als auch Blätter her. Einige Mundstückmacher zielen mit Mundstücken aus Kautschuk, Metall oder beidem in erster Linie auf den Markt
für lautere Musikrichtungen. Andere wiederum sind vor
allem durch ihre Vorzüge im klassischen Bereich bekannt
geworden und wiederum andere bieten Mundstücke für
alle Musikrichtungen an.
Blätter der amerikanischen Firmen La Voz und Rico werden
normalerweise für Jazz, Fusion, Rock und Pop verwendet.
Die französischen Marken Brancher, MARCA und Selmer
findet man dagegen häufiger auf den Mundstücken klassischer Saxophonisten. Vandoren, eine weitere französische

Marke, stellt auch Blätter für andere Musikrichtungen her. Manchmal benutzen Musiker Blätter, die nicht speziell für ihren Spielstil gefertigt wurden. Zum Beispiel: Hemke-Blätter, die ursprünglich für klassische Saxophonisten entwickelt wurden, werden auch von Jazz-Musikern benutzt.

Reicht eines?

Manche Saxophonisten kaufen sich ein gutes Mundstück und spielen es für den Rest ihres Lebens. Andere wiederum hören niemals auf, neue Modelle, Marken und Typen auszuprobieren und zu kaufen. Zwei weitere Extreme? Einerseits gibt es Musiker, die unterschiedliche Mundstücke für unterschiedliche Säle, Gruppen oder Stilrichtungen haben. Andererseits gibt es welche, die alle Arten von Musik auf ein und demselben Mundstück spielen und überzeugt davon sind, dass dies die einzige Lösung ist.

Gebrauchte Mundstücke

Wenn du weißt, dass Mundstücke bis zu achthundert Euro kosten können und dass manche Saxophonisten ständig nach neuen Modellen Ausschau halten, dann folgt daraus, dass es auch einen Markt für gebrauchte Mundstücke gibt. Überprüfe ein gebrauchtes Mundstück auf Dellen und andere Schäden. Spitze und Schenkel müssen glatt sein. Säubere es vor dem Spielen gründlich. Auf Seite 103 findest du heraus, wie.

DER S-BOGEN

Ein schlechter S-Bogen kann selbst das beste Saxophon in ein Stück Müll verwandeln. Woran erkennt man einen schlechten S-Bogen? Ein schlechter S-Bogen erzeugt einen matten Sound und er sorgt dafür, dass manche Töne nicht stimmen oder schwer ansprechen. Mit anderen Worten, er passt zwar auf das Saxophon, wurde aber nicht dafür gemacht. Ein S-Bogen mit einer Delle ist ebenfalls ein schlechter S-Bogen. Und natürlich gibt es, wie bei vielen Dingen des Lebens, akzeptable, gute und hervorragende S-Bögen.

Ein besserer S-Bogen

Die meisten Saxophone werden mit einem gut funktionierenden *S-Bogen* (oder *Hals*) geliefert. Dennoch können die meisten Instrumente durch den Kauf eines besseren S-Bogens, ebenso wie durch den Kauf eines besseren Mundstücks, verbessert werden. Ein mittelmäßiges Saxophon kann durch den Kauf eines S-Bogens in der Preisklasse von hundert bis zweihundert Euro hörbar verbessert werden. Der Sound wird dadurch etwas voller und satter und Intonation und Ansprache besser. Probleme mit der Ansprache der tiefen Töne? Ein neuer S-Bogen verschafft vielleicht Hilfe.

Noch besser

Und du kannst noch mehr verbessern. Stell dir mal einen handgemachten Vollsilber-S-Bogen vor, der über fünfhundert Euro kostet. So ein S-Bogen kann sich großartig auf deinen Sound auswirken – vorausgesetzt, dein Sound und dein Saxophon sind so weit.

Der falsche S-Bogen

Ein S-Bogen muss in zweierlei Hinsicht passen. Abgesehen von der Stelle, wo er auf das Instrument gesteckt wird, müssen die Abmessungen übereinstimmen. Ein Beispiel? Die Oktavklappe auf dem S-Bogen kann in Relation zum Rest des Instruments an der falschen Stelle sitzen. Das Ergebnis? Intonationsprobleme.

S-Bogen für das Sopran

Einige Sopran-Saxophone werden sowohl mit einem geraden als auch einem gekrümmten S-Bogen angeboten. Manche Musiker sind der Meinung, dass die gekrümmte Version einen dunkleren oder volleren Klang erzeugt, während andere wiederum vom Gegenteil überzeugt sind – wie das bei Musikern eben der Fall ist. Der wichtigste Gesichtspunkt ist vielleicht, dass ein Sopran mit gekrümmtem S-Bogen wesentlich bequemer zu spielen ist, weil man es nicht so hoch halten muss.

Gekrümmt

Und der Unterschied zwischen „regulären", geraden Sopran-Saxophonen und denen, die wie ein Altsaxophon aussehen? Letztere sollen einen volleren, milderen Sound haben, während die geraden besser intonieren. Aber auch hier sind die Meinungen geteilt. Es gibt übrigens noch eine dritte Version: das halbgekrümmte Sopran, das im Prinzip ein gerades Instrument ist, dessen Schallbecher nach vorne zeigt.

Ein neuer S-Bogen

Denke beim Kauf eines neuen S-Bogens daran, dass er vielleicht auch ein anderes Mundstück erforderlich macht. Die beiden sind wie Mundstücke und Blätter eng miteinander verbunden.

BLATTSCHRAUBEN

Die meisten Standardblattschrauben sind Metallstreifen, die durch ein oder zwei Schrauben festgezogen werden. Es gibt nicht nur teure Mundstücke und S-Bogen, sondern eben auch teure Blattschrauben, die bis zu fünfzig Euro und mehr kosten. Spezielle Blattschrauben gibt es in vielfachen Ausfertigungen und Materialien, von Leder bis zu Metallgeflechten.

Die Auswahl ist groß

Gute Blattschrauben lassen das Blatt freier vibrieren. Das Ergebnis ist ein besserer Sound und eine schnellere Ansprache. Mehrere Firmen stellen spezielle Blattschrauben her und zielen jeweils auf einen etwas leiseren oder auch viel lauteren Sound. Für Klassik, Funk, Kammermusik usw. sind jeweils unterschiedliche Modelle erhältlich.

Ein guter Sitz

Egal, für welche Blattschraube du dich entscheidest, vergewissere dich, dass sie auf dein Mundstück passt. Sitzt die Blattschraube nämlich schlecht, dann kann das Blatt verrutschen oder das Mundstück nicht richtig versiegeln.

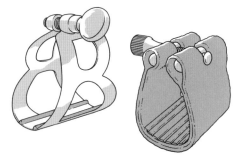

Eine Metallschraube und eine „weiche" Blattschraube (BG)

8. BLÄTTER

Beim Sprechen oder Singen vibrieren deine Stimmbänder und erzeugen so den Klang deiner Stimme. Beim Saxophon spielen vibriert das Blatt und erzeugt so den Sound deines Saxophons. Die Unterschiede? Blätter können in unterschiedlichen Stärken und Typen gekauft werden. Blätter können bearbeitet werden. Blätter halten nicht so lange. Und glücklicherweise können Blätter auch ausgetauscht werden.

Nur 0,02 mm oder noch weniger: So dünn ist ein Saxophonblatt an der Spitze. Jede Note, die du spielst, von wilden Akzenten bis zu warmen, tiefen Flüstertönen, wird von diesem dünnen, vibrierenden Stück Rohrholz erzeugt.

Röhren und Mark

Unter dem Vergrößerungsglas ist zu sehen, dass jedes Blatt aus unzähligen hohlen Röhren oder Fasern besteht, die durch eine weichere Substanz miteinander verbunden sind: dem *Mark*. Je länger du auf dem Blatt spielst, desto weicher wird das Mark und desto mehr verlieren die Fasern an Elastizität – bis es nicht mehr das tut, was es eigentlich tun soll. Bei guter Pflege kann ein gutes Blatt aber bis zu zwei Monate und länger halten.

Stärke in Zahlen

Es gibt weiche und harte Blätter und für ihre Einteilung verwendet man Zahlen. Je härter das Blatt, desto höher die Zahl. Die meisten Marken gehen in halben Stärken von 1 bis 5. Anders als man vielleicht glauben könnte ist ein Blatt der Stärke 2 nicht dünner als eines der Stärke 4 der-

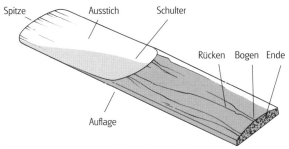

Spitze   Ausstich   Schulter   Rücken Bogen Ende   Auflage

Jedes Blatt besteht aus unzähligen, hohlen Röhren oder Fasern

selben Marke und Serie. Es ist einfach nur aus einem weicheren Stück Rohr. Weichere Blätter haben eine kürzere Lebensdauer.

Schwer oder leicht

Die meisten Saxophonisten sprechen von schweren und leichten Blättern. Mit den schweren erzielt man einen lauteren, „schwereren", dickeren und volleren Sound. Sie erfordern jedoch eine gute Atemkontrolle und einen festen Ansatz. Weiche Blätter sind in Bezug auf Spielbarkeit und Ansprache leichter und können sehr leise gespielt werden. Auf der anderen Seite erzeugen sie einen etwas dünneren, kratzigeren Ton, und die Intonation kann zusätzlich erschwert werden. Für den Anfang ist ein weiches Blatt besser geeignet. Die meisten Saxophonisten wechseln später jedoch zu einem Blatt der Stärke 3, $3\frac{1}{2}$ oder noch schwerer.

Zahlen sind relativ

Mundstücke und Blätter haben zwei Dinge gemeinsam: Konfusion und Tabellen, die beim Vergleich der Produkte unterschiedlicher Marken helfen sollen. Zum Beispiel kann ein Blatt der Stärke $2\frac{1}{2}$ einer bestimmten Marke durchaus härter sein als ein 3er einer anderen Firma, und ähnliche Abweichungen wirst du auch bei den verschiedenen Serien ein und derselben Marke finden. Und da Rohrholz ein Naturprodukt ist, unterscheiden sich auch zwei „identische" Blätter so gut wie immer, wenn auch nur geringfügig.

Dein Mundstück

Ein Mundstück mit einer kleinen Öffnung benötigt ein schwereres Blatt. Mit einem zu dünnen Blatt wird es zumachen und überhaupt nicht reagieren. Umgekehrt spielt sich ein Mundstück mit einer großen Öffnung leichter mit einem dünneren Blatt. Für den Anfänger ist ein mittelweiches (medium soft) Blatt der Stärke 2 bis 2 ½ auf einem Mundstück mit kleiner bis mittlerer Öffnung oft eine gute Wahl.

Französischer und amerikanischer Schnitt

Irgendwann stößt du auf die Begriffe *französischer Schnitt* und *amerikanischer Schnitt*. Blätter mit französischem Schnitt, die hauptsächlich von klassischen Saxophonisten verwendet werden, haben eine dünnere Spitze und ein etwas dickeres Herz. Blätter mit amerikanischem Schnitt besitzen eine etwas dickere Spitze und weniger Herz, was einen größeren und zentrierteren Sound erzeugt.

Das verwirrende dabei ...

Auch diese Begriffe sind etwas verwirrend, da es für keinen der beiden einen definitiven Maßstab gibt. Sieht man sich eine Anzahl von Blättern mit amerikanischem Schnitt von unterschiedlichen Marken an, so findet man mindestens so viele Unterschiede wie Ähnlichkeiten.

French File

Um das Ganze noch verwirrender zu machen, gibt es auch noch den sogenannten *French File*. Wie die Abbildung zeigt, handelt es sich dabei jedoch um etwas völlig anderes. Ein weiterer Unterschied? In diesem Fall verwenden alle Hersteller glücklicherweise denselben Begriff für dieselbe Sache. Auf Blättern mit einem French File wurde ein wenig von der Rinde unter der halbmondförmigen Krümmung des Ausstichs weggefeilt oder -geschliffen. Diese Blätter sprechen ein wenig leichter an und klingen auch ein wenig heller und offener. Damit kannst du zum Beispiel einen Sound ausgleichen, der durch ein übermäßig dunkel oder weich klingendes Mundstück entsteht.

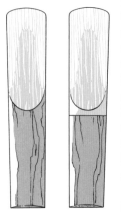

Blatt ohne und mit French File

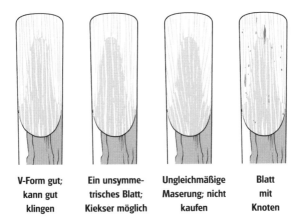

V-Form gut; kann gut klingen	Ein unsymme- trisches Blatt; Kiekser möglich	Ungleichmäßige Maserung; nicht kaufen	Blatt mit Knoten

Tipps

- Falls du immer noch auf der Suche nach dem perfekten Blatt bist, kaufe **eine Anzahl einzelner Blätter** verschiedener Marken und Stärken und probiere sie aus. Bedenke jedoch, dass zwei Blätter niemals gleich sind, selbst die, die aus derselben Schachtel kommen.
- Der Hauptgesichtspunkt bei der Auswahl eines bestimmten Blatttyps? Das Blatt soll dir erlauben, das zu **spielen, was du willst**, und zwar so leicht wie nur irgendwie möglich.

ÜBERPRÜFEN DER BLÄTTER

In jeder Schachtel findest du gute, mittelmäßige und schlechte Blätter. Mit einer gründlichen Untersuchung kannst du die schlechten schnell aussortieren. Asymmetrische Blätter zum Beispiel werden deinem Spiel nicht unbedingt förderlich sein.

Das V

Wenn du das Blatt gegen das Licht hältst, kannst du das Profil des Schnitts sehen. Das Blatt sollte in der Mitte, vor allem im Herz, dicker sein, und zu den Rändern und der Spitze hin allmählich dünner werden. Das umgekehrte V, das du wahrscheinlich sehen wirst, sollte symmetrisch sein. Ein asymmetrisches Blatt kann kieksen und lässt sich wahrscheinlich nicht gut spielen.

Flexibilität

Gleite vorsichtig mit Daumen und Zeigefinger entlang der Seitenränder des Blatts. So kannst du feststellen, ob die Flexibilität auf beiden Seiten gleich ist. Das sollte sie nämlich.

Die Farbe

Grünlich-gelb aussehende Blätter, die aus sehr jungem Rohr geschnitten sind, sprechen meistens schlecht, wenn überhaupt, an. Und wenn, dann halten sie nicht lange. Diese Blätter musst du nicht gleich wegwerfen. Du kannst sie ein Jahr lang aufbewahren und dann erneut probieren. Die Farbe eines guten Blatts variiert zwischen goldgelb und goldbraun.

Maserung und Knoten

Die Maserung sollte gleichförmig sein mit möglichst vielen, dicht zusammenliegenden Fasern, die gleichmäßig und parallel zueinander verlaufen. Ein Blatt mit Knoten im Ausstich wird ungleichmäßig vibrieren und daher auch keinen gleichförmigen Sound erzeugen.

AUSPROBIEREN VON BLÄTTERN

Saxophonisten kaufen meist ganze Schachteln von Blättern. Aber nicht, weil sie sich einen Jahresvorrat zulegen möchten, sondern weil nicht jedes der fünf oder zehn Blätter gut sein wird. Blätter sind wie Obst: Ein Apfel schmeckt besser als der andere, auch wenn beide vom selben Baum stammen.

Nass

Um die Blätter, die du gekauft hast, kennen zu lernen, musst du sie spielen. Mache sie zunächst nass. Ein trockenes Blatt vibriert nicht richtig und wellt sich, während es beim Spielen Feuchtigkeit absorbiert, was beides einen lausigen Sound erzeugt. Am besten befeuchtest du das Blatt, indem du es nicht länger als ein paar Minuten in ein Glas lauwarmes Wasser legst, und zwar vorsichtig, mit der Spitze zuerst.

Glas

Du kannst das Blatt auch auf ein nasses Stück Glas oder einen Spiegel legen. Manche Blatthalter haben für diesen Zweck einen speziellen Boden. Das Glas scheint die Blätter zu ebnen und entfernt die Wellen an der Spitze. Verwende lieber kein Plexiglas, da es schwer sauber zu halten ist.

Speichel

Die meisten Saxophonisten lutschen jedoch ganz einfach das Blatt ab, was offenbar auch funktioniert. Warum also dann Wasser verwenden? Weil ein Blatt Wasser schneller absorbiert, und Speichel seine Lebensdauer verkürzt. Das ist auch einer der Gründe, warum sich am Ende alle Blätter abspielen. Ihre Arbeit findet in deinem Mund statt.

Gute und schlechte Blätter

Mit zunehmender Erfahrung erkennst du den Unterschied zwischen guten und schlechten Blättern. Ein Blatt, das sich sofort gut spielen lässt, hält vielleicht nicht lange, weil das Rohr wahrscheinlich noch zu jung und zu weich ist. Auf der anderen Seite gibt es Blätter, die erst nach einer gewissen Einspielzeit gut klingen.

Markiere deine Blätter

Und noch ein Tipp: Teste alle deine neuen Blätter und markiere jedes einzelne, zum Beispiel mit ++ für die besten und -- für die schlechtesten, mit drei Abstufungen dazwischen. Leg die besten Blätter für Auftritte zur Seite. Wirf die wirklich schlechten weg oder lasse sie einige Monate lang liegen, da sie mit zunehmendem Alter besser werden. Und die +- Blätter? Vielleicht gibt es noch Hoffnung für sie. Lies weiter.

Dumpf klingende oder kieksende Blätter

Manche Blätter kieksen wie verrückt und andere wiederum klingen fürchterlich dumpf. Manche sind zu hart, zu weich oder ungleich dick. Oder sie sind nicht glatt genug, weder auf der Ober- noch auf der Unterseite. Kurzum, es gibt alle möglichen Arten von unspielbaren Blättern. Da gibt es nur zwei Möglichkeiten: wegwerfen oder bearbeiten.

DAS BEARBEITEN DER BLÄTTER

Blätter wegwerfen ist einfach und schnell erledigt, aber teuer. Das Bearbeiten der Blätter erfordert Zeit und Geduld – und auch viele Blätter. Leider gibt es keine Schablone, nach der man vorgehen könnte. Jeder Saxophonist scheint seine eigene Methode zu haben. Hier einige Grundlagen.

Glätte ist entscheidend

Um das Mundstück völlig abdichten zu können, muss das Blatt vollkommen glatt sein. Ist es das nicht, poliere das Blatt, indem du es mehrmals über ein normales Stück Papier ziehst. Falls das nichts bewirkt, verwende ganz feines Schmirgelpapier oder einen *Schleifstein* (auch *Carborundum* genannt), den du in einem Metallwarenladen bekommst.

Gleichmäßige Bewegungen

Schleife mit ruhigen, gleichmäßigen Bewegungen entlang der Maserung des Blatts oder schmirgle das Blatt in kreisförmigen Bewegungen ab. Vermeide es unter allen Umständen, die Spitze abzuschleifen. Schmirgelpapier eignet sich nur dann, wenn es auf einer ebenen Fläche verwendet wird. Eine weitere Alternative? Ziehe ein Blattmesser über die Rückseite des Blatts. Schneide nicht, sondern kratze nur. Ein normales Taschenmesser tut es auch, solange es scharf ist.

Zu leicht

Wenn ein Blatt zu leicht ist, kannst du die Spitze vorsichtig mit einem speziellen, in Musikgeschäften erhältlichen *Blattabschneider* oder *Clipper* verkürzen. Feuchte das Blatt vor dem Abschneiden gründlich an, und schneide nie mehr als 1 bis 1,5 mm ab. Um die Ränder zu glätten, verwende eine sehr feine Nagelfeile oder ultrafeines Sandpapier. Schleife immer zur Mitte der Spitze hin.

Zu schwer

Ein zu schweres Blatt wird nicht richtig vibrieren. Du kannst das Schilfrohr mit einem scharfen *Blattmesser* oder einem *Schachtelhalm* (wächst in sumpfigen Gegenden, aber dein Musikgeschäft sollte ihn auch vorrätig haben) etwas dünner machen. Beginne, wie neben angegeben, im Bereich 1. Sei vorsichtig, da das Blatt in diesem Bereich schon sehr dünn ist. Falls das nichts hilft, gehe zu Bereich 2 über und versuche es dann mit Bereich 3 und 4. Schabe beide Seiten des Ausstichs immer gleichmäßig ab, sonst erhältst du ein asymmetrisches Blatt.

Zu schrill

Ein schrilles Blatt kann in den Bereichen 3 und 4 abgeschliffen werden. Dieses Problem ist nicht leicht zu korrigieren.

Zu dumpf

Falls ein Blatt zu dumpf klingt, beginne in Bereich 1, probiere es dann mit den Bereichen 3 und 4, und wenn das alles nichts hilft, gehe zu Bereich 2 über.

Kiekser

Kieksende Blätter sind manchmal an den Seiten ungleich. Falls sie nicht an beiden Seiten gleich dick sind, musst du die dickere Seite etwas dünner machen. Keine leichte Aufgabe, wie du dir vorstellen kannst. Überprüfe immer wieder deinen Fortschritt. Spiele das Blatt, als wolltest du nur die rech-

te Seite zum Vibrieren bringen. Wechsle anschließend auf die linke Seite. Hörst du einen anderen Sound? Dann musst du noch weiterarbeiten.

Experimentiere weiter

Natürlich gibt es noch viele weitere Methoden der Blattbearbeitung und auch viele Werkzeuge, die du zu diesem Zweck verwenden kannst, von der normalen Rasierklinge bis zu Schleifmessern und Schabern. Den eigentlichen Kniff erlernst du nur durch Experimentieren. Verwende dazu alte Blätter oder solche, die du sonst wegwerfen würdest.

Und nochmals zur Beachtung:

- Eine Stelle, die du niemals feilen oder bearbeiten solltest, ist das **Herz** des Blatts, das auf der Abbildung mit einem X gekennzeichnet ist.
- Es gibt **keine Garantie** für ein gutes Resultat. Es kann passieren, dass du ein Blatt stundenlang bearbeitest und am Ende doch ein unspielbares Stück Holz in der Hand hältst.
- Was einmal weggefeilt wurde, ist **für immer verloren**. Gehe deshalb langsam und methodisch vor.
- Wie viel ist zu viel? Eine Richtlinie: Denke beim Justieren von Blättern in **Hundertsteln von Zentimetern**.

- Während des Abschleifens solltest du das Blatt **immer wieder antesten**.
- Ein mittelmäßiges Blatt kann **immer verbessert werden**, ein schlechtes auch, wenn du gut bist. Aber zum Ruinieren eines guten Blattes bedarf es überhaupt keiner Erfahrung.
- **Ständig** Probleme mit Blättern? Probiere es mit einer anderen Marke oder Stärke.
- Dumpf klingende Blätter können helle, scharfe Mundstücke **ausgleichen** und umgekehrt.
- Wellt sich die Spitze deines Blattes? Diese **Wellen verschwinden**, wenn du eine Weile spielst. Oder besser: Lege das Blatt in warmes Wasser oder presse es gegen ein nasses Stück Glas.
- Es gibt Bücher, die dieses Thema eingehender behandeln. Eines davon ist *The Art of Saxophone Playing* (s. Seite 130).

Solange sie können

Blätter halten so lange sie können, wenn du die folgenden Ratschläge befolgst:
- **Befeuchte deine Blätter vor dem Spielen** und trockne sie danach. Wische immer in Richtung der Spitze (siehe auch Seite 82).
- Lege ein neues Blatt auf eine glatte Oberfläche und reibe mit der Unterseite eines Teelöffels in Richtung der Blattspitze darüber. Das **festigt die Fasern** und lässt das Blatt etwas heller klingen.
- **Stelle niemals ein Mundstück auf seine Spitze**, egal ob mit oder ohne Blatt.
- Manche Saxophonisten weichen ihre Blätter dann und wann über Nacht in einer **dreiprozentigen Wasserstoffperoxydlösung** ein (in der Apotheke erhältlich), um das Holz zu säubern und ihm neues Leben einzuhauchen. Diese Blätter müssen jedoch vor ihrem nächsten Einsatz gut abgespült werden!
- Verstaue deine Blätter in einem guten **Blatthalter** (siehe Seite 93).

Synthetische Blätter

Synthetisch hergestellte Blätter, wie sie von Firmen wie BARI und Fibracell gemacht werden, halten wesentlich länger als normale Blätter und sind auch konstanter. Sie sind zudem lauter und kräftiger und erzeugen einen Sound, den man als wild und robust bezeichnen könnte. Für den Anfänger stellt diese Art von Blatt aufgrund des Widerstands und der möglichen Intonationsprobleme keine ideale Wahl dar.

Dünne Schicht

Rico stellt Plasticover-Blätter her: Holzblätter, die mit einer dünnen Schicht Plastik überzogen sind. Sie halten länger und haben auch einen helleren, kräftigeren Ton als normale Holzblätter. Zudem sind sie resistenter gegenüber Feuchtigkeit und Klimaveränderungen.

Einige Marken

Blätter der amerikanischen Firmen La Voz und Rico werden normalerweise für Jazz, Fusion, Rock und Pop verwendet. Die französischen Marken Brancher, MARCA und Selmer findet man dagegen häufiger auf den Mundstücken klassischer Saxophonisten. Vandoren, eine weitere französische Marke, stellt auch Blätter für andere Musikrichtungen her. Jazzmusiker verwenden häufig Hemke-Blätter, die ursprünglich für den klassischen Saxophonisten entworfen wurden.

9. VORHER UND NACHHER

Bevor du zu spielen beginnst, musst du dein Blatt an-feuchten, es auf dem Mundstück fixieren, Mundstück, S-Bogen und Korpus zusammenstecken und stimmen. Nach dem Spielen solltest du das Blatt und das Instrument trocknen und zusammenpacken. Klingt nach ziemlich viel, wird aber zur Routine, bevor du es merkst.

Zuallererst: die sicherste Methode, dein Saxophon aus dem Koffer zu holen, besteht darin, es mit einer Hand am Schallbecher zu packen und mit der anderen zu stützen. Wenn du es am Klappensystem nimmst, riskierst du, etwas zu verbiegen.

Das Blatt fixieren

Befeuchte dein Blatt (siehe Seite 86), bevor du es auf dem Mundstück fixierst. Und dann:

1. Schieb die Blattschraube auf das Mundstück und halte sie etwas höher als in ihrer endgültigen Position.
2. Schieb das feuchte Blatt unter die Blattschraube. Vergewissere dich, dass das Blatt mit dem Mundstück an der Spitze und beiden Seiten abschließt.
3. Halte das Mundstück zwischen Daumen und Zeigefinger, so dass das Blatt an seiner Stelle bleibt, während du die Blattschraube in Position schiebst. Sieh nach, ob das Blatt noch immer an der richtigen Stelle ist.
4. Zieh die Schraube(n) der Blattschraube an. Aber nicht zu fest, sonst kann das Blatt nicht frei vibrieren. Ein kostensparender Hinweis: Versuche immer zu vermeiden, die empfindliche Blattspitze zu berühren.

1. ... etwas höher ...

2. Schieb das Blatt unter die Blattschraube.

3. Schieb die Blattschraube in Position ...

4. ... und zieh die Schrauben an.

Die Blattschraube

Die Blattschraube ist an einem Ende breiter als an dem anderen. Das Mundstück ebenso. Also? Schraube die Blattschraube richtig herum auf das Mundstück. Klingt blöd, oder? Ist es auch. Es passiert aber trotzdem.

Drehe den S-Bogen

Stecke das Mundstück auf den S-Bogen, dann den S-Bogen in den Korpus, und zwar, indem du ihn sachte hin und her drehst. Die kleine Schraube an der Halsaufnahme sollte wie die Schrauben der Blattschraube nicht zu fest angezogen werden. Viele Saxophonisten halten ihr Instrument nicht direkt nach vorne, sondern etwas nach rechts. Wenn dir das bekannt vorkommt, dann schwenke den S-Bogen etwas nach links und vergewissere dich, dass die Oktavmechanik funktioniert.

Aufwärmen

Ein kaltes Saxophon spricht nicht sehr gut an und es wird etwas zu tief klingen. Wärme es auf, indem du einige Male lange, langsam und still hineinhauchst. Ist dein Saxophon durch den Transport sehr kalt geworden, kannst du ein kleines Handtuch in den Schallbecher legen und so den Prozess verkürzen. Manche Saxophonisten fangen aber gleich zu spielen an. Das Saxophon wird ja schließlich im Nu von selbst warm, oder?

STIMMEN

Jedermann weiß, dass man eine Gitarre vor dem Spielen stimmen muss. Aber ein Saxophon? Jawohl, auch ein Saxophon. Selbst wenn du nur alleine spielst; denn ein Saxophon stimmt nur dann richtig, wenn es vorher gestimmt wurde.

Das Mundstück verschieben

Du stimmst dein Saxophon, indem du ganz einfach das Mundstück weiter hineinschiebst oder herausziehst. Das Instrument wird dadurch etwas kürzer oder länger bzw. höher oder tiefer. Das kann man sich leicht merken: längeres Rohr, tiefere Stimmung.

Extreme Stimmung

Bei extrem hohen oder tiefen Stimmungen wirst du Probleme mit der Intonation bekommen, weil die Position der Tonlöcher dann nicht mehr mit der Gesamtlänge des Saxophons übereinstimmt. Wenn du das Mundstück zu weit herausziehst, wird dein tiefes Register zudem verwaschen klingen.

Das A

Saxophone werden, wie andere Instrumente auch, meistens nach klingend A gestimmt. Diesen Ton findest du auf einem gut gestimmten Klavier oder einem Keyboard rechts vom eingestrichenen C (mittlerem C). Die Abbildung rechts zeigt dir die richtige Taste. Eine Saite, die diesen Ton

Ein A auf dem Klavier

erklingen lässt, vibriert 440 Mal pro Sekunde (siehe auch Seite 59). Kein Keyboard zur Hand? Dann verwende eine Stimmgabel. Oder ein elektronisches Metronom bzw. ein Stimmgerät.

Alt- und Tenor-Saxophon

Um diesen Ton auf dem Alt zu erhalten, spielst du ein F♯ mit gedrückter Oktavklappe. Auf dem Tenor spielst du ein B, ebenfalls mit Oktavklappe.

Ein anderer Ton

Manche Saxophonisten stimmen lieber nach einem anderen Ton. Ein Alt-Saxophon kannst du zum Beispiel stimmen, indem du ein B mit dem linken Zeigefinger auf Klappe 1 spielst. Der Ton, den du erhältst, ist klingend D. Wenn du auf dem Tenor dasselbe B drückst, erhältst du klingend A, aber eine Oktave tiefer als der normale Stimmton.

Warum B?

Warum dieses B? Weil es leicht zu spielen ist und weil deine andere Hand frei ist, um die entsprechende Note auf dem Keyboard anzuschlagen. Manche Saxophonisten sind auch der Meinung, dass die Töne mit der Oktavklappe nicht so gut stimmen, weshalb sie es vorziehen, ohne Oktavklappe zu stimmen. Andere wiederum sind gegenteiliger Meinung. Ihre Begründung: Das B ohne Oktavklappe klingt vor allem auf dem Tenor etwas tief. Ein Tipp: Stimme mit beiden Methoden und finde heraus, was für dich am besten funktioniert.

Blasorchester

In Blasorchestern und anderen Kapellen werden die Instrumente meistens nach dem Ton B♭ gestimmt, weil viele der anderen Instrumente, z. B. Trompeten und Flügelhörner, in solchen Gruppen B♭-Instrumente sind – wie auch das Tenor-Saxophon.

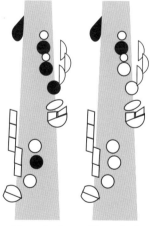

Klingendes A auf dem Alt-Saxophon (gegriffenes F♯)

Klingendes A auf einem Tenor-Saxophon (gegriffenes B)

Ein Trick

Als Anfänger fällt es dir vielleicht schwer, zu hören, ob ein Ton zu hoch oder zu tief ist. Hier ein Trick: Stecke zunächst das Mundstück so weit auf den S-Bogen, dass die Note bewusst zu hoch ist. Ziehe es dann so weit heraus, dass die Note bewusst zu tief ist. Die richtige Stimmung muss dann dazwischen liegen.

Elektronische Stimmgeräte

Die meisten elektronischen Stimmgeräte haben ein eingebautes Mikrofon, das „hört", was du spielst, und auf der Anzeige als zu hoch, zu tief oder richtig registriert. Das Üben mit so einem Stimmgerät erscheint sinnvoll, doch gibt es auch Lehrer, die dagegen sind. Die billigeren Stimmgeräte reagieren sehr langsam auf den Klang des Saxophons, weshalb sie ohnehin nicht viel bringen. Probiere vor dem Kauf einige Modelle durch.

Ein warmes Saxophon

Ein Saxophon erwärmt sich beim Spielen, weshalb du nach einer gewissen Zeit erneut stimmen musst. Je wärmer es wird, desto höher wird die Stimmung. Bei starker Hitze und klirrender Kälte ist es schwer, das Saxophon mit sauberer Intonation zu spielen.

Stimmlinie

Ist dein Saxophon aufgewärmt und stimmt es gut? Dann ziehe eine Linie auf dem Kork des S-Bogens, auch Stimmkork genannt, und zwar genau da, wo das Mundstück endet. Das nächste Mal, wenn du spielst, stecke das Mundstück bis zu dieser Linie auf den Kork, und du bist ziemlich nahe an der optimalen Stimmung. Wenn du in einer Band spielst, hilft dir diese *Stimmlinie* vielleicht nicht, da du dann nach den anderen Instrumenten der Gruppe stimmen musst. Dem Klavier zum Beispiel, falls vorhanden. Wenn du nach einem Synthesizer oder einem anderen elektronischen Instrument stimmen musst, verlange nach einem Sound, der frei von Effekten ist.

Ein anderes Mundstück?

Aufgrund der unterschiedlichen Länge von Mundstücken nützt dir die Stimmlinie beim Ausprobieren derselben nicht viel. Stimme einfach dein Saxophon jedes Mal neu.

Papier, Faden oder Zündholz

Ist dein Kork schon so ausgeleiert, dass dein Mundstück zu locker ist, dann lege einfach ein Stück Papier zwischen

Mundstück und Kork. Trotz seiner Dünne eignet sich Zigarettenpapier ganz hervorragend. Ersatzweise kannst du auch einen Faden um den Kork wickeln und ihn mit Kerzenwachs einreiben. Die beste Lösung? Lass dir einfach neuen Kork auf den S-Bogen machen. Wenn es eilt und du weder Papier noch Faden zur Hand hast? Dann erhitze den Kork vorsichtig mit einem Feuerzeug, Zündholz oder einer Kerze – und vergiss nicht, dass Kork ziemlich leicht anbrennt.

DANACH

Wenn du dein Instrument nach dem Spielen nicht jedes Mal säuberst, wird es irgendwann wie eine musikalische Mülltonne riechen.

Pflege des Blatts

Sobald du mit dem Spielen fertig bist, nimm das Blatt vom Mundstück. Trockne es sorgfältig an deiner Kleidung ab (am besten eignet sich Baumwollkleidung) oder verwende einen Lappen. Noch besser ist, das Blatt erst mit Wasser abzuspülen und es dann der Länge nach, vom Ende bis zur Spitze, abzutrocknen.

Blatthalter

Das Aufbewahren der Blätter in einem Blatthalter verhindert, dass sie beschädigt werden. Außerdem sind sie beim Austrocknen eben. Eine billige Alternative sind um ein

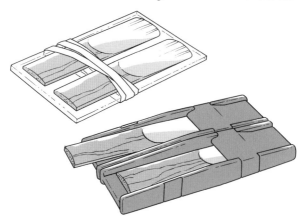

Ein Stück Glas mit Gummiband und ein Blatthalter

Stück Glas mit polierten Rändern geschlungene Gummibänder. Kleine Spiegel, die überall erhältlich sind, funktionieren ebenfalls gut.

Auf dem Mundstück

Manche Saxophonisten belassen ihr (getrocknetes) Blatt einfach auf dem Mundstück – obwohl sich dann die Spitze wellt oder bei Metallmundstücken die Auflage abblättern kann. Willst du es trotzdem auch so machen, dann verwende auf alle Fälle die Schutzkappe. Möchtest du eine Pause machen? Benutze die Kappe, um das Blatt zu schützen und Verformungen zu verhindern.

Feuchtigkeitskontrolle

In sehr trockenen Klimazonen bewahren manche Saxophonisten ihre Blätter in speziellen Behältern auf, in denen die Feuchtigkeit kontrolliert wird und die bisweilen sogar eingebaute Hygrometer haben. Eine billigere Alternative ist, deinen Blatthalter in der Gefriertruhe oder einer Gefriertasche aufzubewahren, die ein Austrocknen der Blätter verhindert. Bewahre sie nie in einem Wasserbehälter auf, egal wie trocken das Klima ist. Die Blätter würden dadurch nur noch poröser werden und an Dynamik verlieren.

Der Korpus

Beim Spielen eines Blasinstruments kondensiert die Feuchtigkeit deines Atems im Innern des Korpus. Das allein wäre keine Katastrophe. Das Problem sind jedoch die Polster, die die Feuchtigkeit wie ein Schwamm aufsaugen. Wenn du nichts dagegen tust, werden sie hart und spröde wie ein Paar tropfnasser Lederschuhe, das man vor ein Feuer gestellt hat. Abgesehen vom Lärm, den sie machen, werden harte und spröde Polster früher oder später undicht.

Pad Saver oder Durchziehwischer?

Wie hält man seine Polster in gutem Zustand? Manche Musiker verwenden einen *Pad Saver*, andere wiederum schwören auf einen *Durchziehwischer*.

Pad Saver

Ein *Pad Saver* ist ein langer, mit Flaum bedeckter Stab, der nach dem Spielen ein paar Mal in das Saxophon hineingesteckt und wieder herausgezogen wird. Ein Großteil der

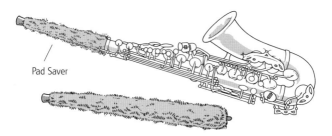

Pad Saver

Feuchtigkeit wird damit herausgewischt. Viele Saxophonisten lassen den Pad Saver im Instrument, wenn sie nicht spielen, aber es ist besser, ihn herauszunehmen. Wenn du nach Hause kommst, öffne den Koffer ein wenig, damit die Polster langsam austrocknen. Pad Saver kosten ungefähr fünfzehn Euro. Ein Nachteil? Manche finden sie ziemlich staubig.

Durchziehwischer

Ein Durchziehwischer ist eine lange Schnur mit einem kleinen Gewicht an einem Ende und einem Stück Fensterleder oder Seide oder Baumwolltuch am anderen. Lass das Gewicht durch den Korpus fallen und ziehe den Wischer ein paar Mal durch das Instrument hindurch. Und öffne auch in diesem Fall, wenn du nach Hause kommst, den Koffer, damit die Polster vollständig austrocknen können.

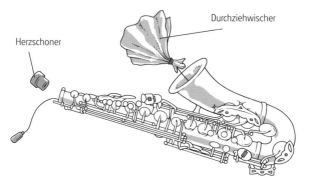

Durchziehwischer

Herzschoner

Herzschoner

Der *Herzschoner* schützt die Achse der Oktavklappe, die aus dem oberen Teil des Korpus hervorsteht. Herzschoner können aus Gummi, Plastik, Metall, Holz oder Kork sein. Du steckst ihn vor dem Einpacken einfach auf den Korpus.

S-Bogen und Mundstück

Auch für den S-Bogen gibt es spezielle Wischer. Sie säubern den S-Bogen auch von allen möglichen Ablagerungen, die sich dort angesammelt haben. Für dein Mundstück reicht ein einfaches Handtuch, aber selbst dafür gibt es spezielle Wischer. Vergiss nicht, auch die Außenseite abzuwischen.

Das Aufbewahren deines Saxophons

Bewahre dein Saxophon immer im Koffer auf. Nicht nur, dass jemand darüber stolpern könnte, auch die Polster würden sonst zu sehr austrocknen, und der in der Luft befindliche Staub könnte das Klappensystem blockieren. Solltest du dein Saxophon für längere Zeit unbedeckt lassen, vergewissere dich, dass es weder in der Sonne noch in der Nähe einer sonstigen Hitzequelle liegt.

Geschirrtuch

Für Mundstücke und S-Bögen gibt es spezielle, preiswerte und hochwertige Beutel, aber die meisten Saxophonisten wickeln sie ganz einfach in ein altes Geschirrtuch oder einen Lappen. Nimm einen, der nicht so stark fusselt, und wickle Mundstück und S-Bogen separat ein, damit sie sich nicht gegenseitig beschädigen.

Koffer und Gigbags

Reise nie ohne einen guten Koffer, für den du zwischen achzig und zweihundertfünfzig Euro ausgeben musst. Koffer und Gigbags werden in verschiedener Qualität und unterschiedlichen Typen angeboten. Zusätzlich zu den traditionellen, rechteckigen Typen gibt es nun auch Koffer, die der Form deines Saxophons nachgebildet sind. Die Hartschalenversionen heißen *Flight Case* oder *Formkoffer*. Ein *Gigbag* ist eine Tragetasche.

Einige Tipps:

- Gute Koffer und Taschen haben **stabile und fest sitzende** Griffe und Schultergurte. Die Riegel dürfen sich nicht plötzlich öffnen.
- Ein **Plüschfutter** schützt dein Instrument vor Kratzern.
- Achte auf einen **guten Sitz**, so dass sich beim Reisen nichts verbiegen oder verschieben kann.
- Bei **zu kleinen** Koffern können Klappen, die geschlossen sein sollten, aufgedrückt werden und umgekehrt.

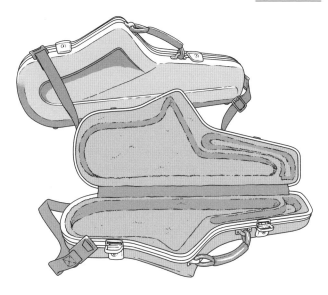

Flight Case

- Hartschalenkoffer sind **unbequemer zu tragen** als Tragetaschen, bieten jedoch mehr Schutz.
- Gigbags und Flight Cases sind **leichter zu transportieren** als rechteckige Koffer.
- Rechteckige Koffer haben **mehr Platz** für Zubehör.
- Kleinere Koffer scheinen keinen Platz für den S-Bogen zu haben. Die Lösung besteht darin, **ihn einfach in den Schallbecher zu stecken**. Wickle ihn aber zuerst ein.
- Kein Auto? Kaufe dir eine **Rucksacktragetasche**.
- Fächer oder **Außentaschen** sind nützlich zum Aufbewahren von extra Blättern, einem zweiten Mundstück, einem Halsgurt, Noten oder sogar einem Notenständer.

UND WAS NOCH ALLES DAZUKOMMT

Als Saxophonist musst du dich auch mit Halsgurten und Ständern und vielleicht sogar mit Mikrofonen und Verstärkern befassen.

Tragegurte

Die einfachsten *Tragegurte* können nach einer Weile ganz schön unbequem werden. Wenn du etwas besseres haben möchtest, dann sieh dich nach breiteren Gurten mit bequemer Polsterung und Exemplaren um, die tief auf deinen Schultern sitzen statt an deinem Hals hängen. Gurte mit einer elastischen Rückseite sind ebenfalls erhältlich. Manche Saxophonisten mögen sie, weil sie sich flexibel anfühlen. Und wiederum andere mögen sie aus genau demselben Grund überhaupt nicht.

Schultergurte

Wenn du deinen Hals überhaupt nicht belasten möchtest, besorge dir einen *Schultergurt*, der über die Schultern und um die Taille gelegt wird. Das Anlegen ist nicht ganz einfach, und er ist kein Teil, mit dem man unbedingt eine Bühne betreten will, aber er ist sehr bequem. Schultergurte sind vor allem für Saxophonisten empfehlenswert, die noch im Wachstum sind. Eine Variation des Schultergurts verwendet Streben, die du wie Hosenträger an den hinteren Gürtelschlaufen deiner Hose befestigst .

Ein normaler Tragegurt, ein Brace und ein Schultergurt

Haken

Achte auch auf den Haken. Die meisten Saxophonisten entscheiden sich für den einfachsten Typus (im Prinzip ein gebogenes Stück gehärteten Stahldrahts). Ein weicher Überzug verhindert, dass er dein Instrument verkratzt.

Karabinerhaken

Karabinerhaken haben eine zusätzliche Feder. Sie sind sicherer, aber das Wechseln der Instrumente dauert dann länger. Einige dieser Haken sind frei schwenkbar, so dass sich dein Tragegurt nicht verdreht.

Stütze

Im Prinzip gibt es nur gute und schlechte Haken. Die schlechten sind deshalb schlecht, weil sie brechen können

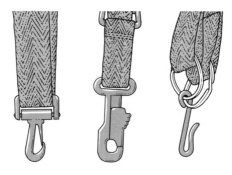

Ein Spring-Haken, ein Schnapp-Haken und ein normaler Haken

(Vorsicht vor den billigen aus Plastik) oder sich plötzlich öffnen oder zulassen, dass sich das Instrument löst. Ein wichtiger Tipp: Stütze das Saxophon immer mit einer Hand ab. Selbst wenn du gar nicht spielst. Und sogar mit dem besten Haken.

Die richtige Länge

Stelle die Länge des Tragegurts so ein, dass das Mundstück direkt zu deinem Mund schwingt, ohne dass du dich bücken oder nach oben schauen musst, um es zu erreichen. Liegt zu viel Gewicht auf deinem rechten Daumen, dann ist dein Tragegurt zu lang. Wenn du zum Spielen nach oben schauen musst, dann stelle den Gurt etwas länger ein. Tu es. Nur einmal. Es kann dich vor ewigen Nackenschmerzen retten.

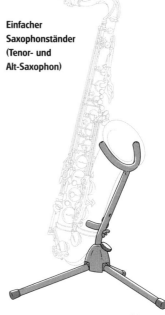

Einfacher Saxophonständer (Tenor- und Alt-Saxophon)

Ständer

Pause? Stell dein Saxophon in einen Ständer. Gute Saxophon-Ständer haben weiche Puffer und ziemlich lange Füße, die zusätzliche Stabilität garantieren, sie sind stabil, leicht abzubauen und einfach zu transportieren.

Die Preise liegen irgendwo zwischen zwanzig und sechzig Euro. Ein zusätzlicher Sicherheitstipp: Befestige den Ständer mit Gaffa-Tape auf dem Boden, damit er nicht umgestoßen werden kann.

VERSTÄRKUNG

Ein Saxophon kann ziemlich laut sein, aber nicht so laut wie einige andere Instrumente. Der Versuch, mit ihnen zu konkurrieren, kann ermüdend sein. Zudem ist es schwer, bei ständig maximaler Lautstärke mit gutem Sound und guter Intonation zu spielen. Die Antwort heißt Verstärkung.

Mikrofone

Die meisten guten Gesangsmikrofone eignen sich auch für den Saxophonisten. Die Verwendung eines traditionellen Mikrofons auf einem Ständer hat einen Nachteil: Du musst deinen Sound ständig darauf richten. Die Lösung? Kleine, sogenannte Clip-On-Mikrofone, die am Schalltrichter befestigt werden, so dass sie immer da sind, wo sie auch sein sollen, egal wohin du dich bewegst. Die Preise variieren zwischen rund hundertfünfzig bis fünfhundert Euro. Kabellose Systeme sind normalerweise teurer.

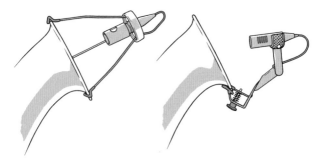

Saxophonmikrofone, auf dem Schallbecher montiert (SD-Systems)

Verstärker und Effekte

Saxophonisten verwenden wesentlich weniger elektronische Effekte als E-Gitarristen, aber der Einsatz von *Hall* (*Reverb*) und *Echo* (*Delay*) ist durchaus üblich. Zudem kann es Spaß machen, mit *Flanger*, *Chorus* und *Wah-Wah-Pedal* zu experimentieren. Solltest du immer mit Verstärkung spielen, wäre es keine schlechte Idee, dir dein eigenes Equipment zu kaufen. Ein Keyboardverstärker leistet für den normalen Einsatz hervorragende Dienste.

Und noch zwei Sicherheitstipps:

- Schreib dir die **Seriennummer** deines Instruments auf, und zwar noch bevor es geklaut wird oder verloren geht. Auf Seite 134 ist Platz dafür. Normalerweise findest du diese Nummer unter dem Daumenhalter oder auf dem Schallbecher.
- Überlege dir, das Instrument **versichern** zu lassen, vor allem, wenn du viel damit unterwegs bist – was den Besuch bei deinem Lehrer mit einschließt. Musikinstrumente fallen unter die Versicherungskategorie „Wertgegenstände". Eine normale Hausrats- oder Haftpflichtversicherung wird nämlich nicht alle möglichen Schäden decken, sei es zu Hause, unterwegs, im Studio oder auf der Bühne.

10. REINIGUNG UND PFLEGE

Bei gewissenhafter Einhaltung der Tipps im vorhergehenden Kapitel wird dein Saxophon nur noch wenig zusätzliche Pflege brauchen. Ebenso wenig besteht Veranlassung, zu viel am Instrument herumzubasteln. Meistens ist es besser, dies einem spezialisierten Fachmann zu überlassen, ebenso wie periodische Inspektionen und Nachjustierungen. Hier sind trotzdem noch einige zusätzliche Tipps, die dir dabei helfen sollen, dein Instrument sauber und im Bestzustand zu halten.

Ein trockenes oder leicht feuchtes, weiches, nicht fusselndes Tuch und eine kleine Bürste für schwer zugängliche Stellen sind alles, was du brauchst, um den Staub vom Korpus deines Saxophons zu entfernen. Das sollte man gelegentlich tun, sonst sammelt sich Staub in den Scharnieren an, was eine langsamere Action und schließlich ein übermäßiges Ausleiern des Klappenmechanismus zur Folge hat. Aus demselben Grund solltest du ab und zu deinen Koffer mit einem Staubsauger säubern. Achte beim Säubern des Instruments darauf, dir nicht mit den scharfen Enden der Federn in die Finger zu stechen.

Keine Politur

Verwende grundsätzlich keinerlei Politur auf deinem Saxophon. Sie greift nämlich den Lack an (falls noch vorhanden) und läuft in die Scharniere, wo sie das Klappensystem verklebt, und auf die Polster. Bei versilberten Saxophonen kannst du bisweilen sehr vorsichtig ein Silberputztuch verwenden. Diese erhältst du bei deinem Instrumentenhändler.

Dein Mundstück

Es ist gut, das Mundstück ab und zu mit warmem Wasser auszuwaschen. Der Zusatz von etwas Haushaltsessig hilft, Kesselstein zu entfernen – denn Kesselstein kann sehr wohl einige eklige Rückstände enthalten. Tauche niemals ein Kautschukmundstück in heißes Wasser oder eine Essiglösung. Es wird zwar nicht auseinanderfallen, aber es verliert vielleicht seine Färbung. Verwende auch keine aggressiven Reinigungsmittel. Zur Desinfektion des Mundstücks verwende etwas Wundbenzin oder Alkohol.

Wischer und Pad Saver

Wischer und Pad Saver holen viel Unrat aus deinem Saxophon, also wasche sie ab und zu in warmem Wasser und mit einem milden Waschmittel. Lass sie nachher gründlich trocknen, bevor du sie weiter verwendest.

Klebende Polster

Polster können kleben. Vor allem diejenigen, die während der Spielpausen geschlossen bleiben. Schiebe, um Abhilfe zu schaffen, ein Stück Papier, ein Taschentuch oder Brillenputztuch unter das Polster und schließe die Klappe ein paar Mal. Wenn das nichts hilft, versuche, das Stück Papier oder Tuch vorsichtig unter dem Polster hervorzuziehen, während du die Klappe mit dem Finger leicht geschlossen

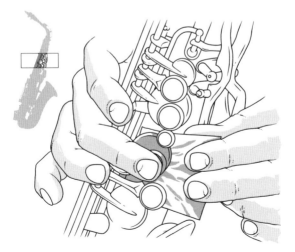

Steck es unter das Polster, schließ die Klappe leicht und zieh es wieder heraus

hältst. Falls der Zustand anhält, ist es am besten, das Polster auszutauschen.

Geldscheine und Puder

Ein Geldschein funktioniert vielleicht sogar besser als ein normales Stück Papier. Auch Zigarettenpapier eignet sich gut. Papiertücher dagegen weniger, weil sie sich unter Umständen auflösen oder stecken bleiben. Ein weiterer Trick: Bringe mit Hilfe eines Wattestäbchens oder eines alten Blatts etwas Puder auf dem Polster an.

Die Zapfen

Der obere Teil des Korpus ist der *Aufnahmezapfen*, der beim Zusammensetzen des Saxophons den *Zapfen* des S-Bogens „aufnimmt". Halte die Zapfen mit etwas Spiritus sauber. Auch mit Wundbenzin lässt sich der S-Bogen leichter auf den Zapfen stecken. Lack hasst Alkohol, verschütte also keinen.

Korkfett

Schmiere von Zeit zu Zeit etwas *Korkfett* auf den Kork des S-Bogens. Es verhindert ein plötzliches Zerbröckeln des Korks, erleichtert das Aufstecken des Mundstücks, liefert eine gute Versiegelung und kostet nicht viel.

Unterwegs

Hier einige Tipps, die dir helfen, wenn du unterwegs bist und kein Fachmann in der Nähe ist.

- **Funktioniert eine Klappe plötzlich nicht mehr**, dann sieh bei der entsprechenden Feder nach. Sollte diese völlig verschwunden sein, dann hilft vielleicht ein Gummiband. Ist die Feder einfach nur herausgesprungen? Dann führe sie wieder an die richtige Stelle zurück. Dafür eignet sich eine Häkelnadel ganz besonders. Das Gummiband musst du nach dem Spielen immer entfernen; lässt man es zu lange drauf, greift es das Instrument an.
- **Hast du dein tiefes Register verloren**? Dann schließt wahrscheinlich die Oktavklappe auf dem S-Bogen nicht. Dies erfordert jedoch ein vorsichtiges Verbiegen der Oktavmechanik – was du vielleicht besser deinem Fachmann überlassen solltest.
- Zu viele Geräusche? Halte nach **fehlenden Filzen und Kork** Ausschau. Du kannst sie mit einem Tropfen was-

serlöslichen Klebstoffs wieder ankleben. Andere Klebstoffe verhärten möglicherweise deine Filze, beschädigen die Oberfläche oder sind so stark, dass Filze und Kork nicht mehr ausgetauscht werden können.

- Ersetze nicht jeden Filz mit irgendeinem Filz. **Nicht jedes Stück Filz eignet sich** für diesen Zweck, außerdem spielt auch die Stärke eine Rolle.
- **Kiekser?** Befeuchte das Blatt. Tausche das Blatt aus. Tausche den Saxophonisten aus?

INSPEKTION

Wenn du ungefähr vier bis acht Stunden pro Woche spielst, solltest du das Saxophon einmal im Jahr durchchecken lassen.

Undichte Stellen

Ein Saxophon wird erst nach und nach undicht. Und zwar so langsam, dass man es erst gar nicht merkt. Nach und nach drückt man dann fester auf die Klappen und bläst mit mehr Druck. Ein Tipp? Lass mal einen anderen Saxophonisten auf deinem Instrument spielen. Er entdeckt vielleicht undichte Stellen, die dir noch gar nicht aufgefallen sind, weil sich seine Technik noch nicht daran gewöhnt hat.

Die Kosten

Wenn du ein paar Mal in der Woche spielst und dein Saxophon gut pflegst, dann kostet eine jährliche Inspektion ungefähr fünfundzwanzig bis fünfzig Euro. Wenn du öfters spielst, dieses Buch völlig ignorierst oder wenn du Unmengen an Getränke- und Essensüberreste durch dein Horn bläst, kann der Preis schon höher sein. Manche Musikgeschäfte und Werkstätten stellen dir während der Reparatur ein Leihinstrument zur Verfügung. Man sollte sich vorher erkundigen.

Die Überholung

Eine Überholung beinhaltet alles, was getan werden muss. Sämtliche Klappen werden entfernt, Dellen ausgedellt, das Saxophon in einem chemischen Bad gereinigt, sämtliche Polster, der Kork und die Filze ausgetauscht, das Klappensystem wieder installiert, geölt und justiert. Wie oft dein

Instrument eine Überholung benötigt, hängt unter anderem davon ab, wie viel du spielst und wie viel du tust, um dein Instrument funktionsfähig zu erhalten. Die Kosten einer Generalüberholung liegen im Allgemeinen zwischen zweihundert und fünfhundert Euro. Für zusätzliche hundert bis dreihundert Euro kannst du dein Instrument entlackieren, polieren und die Oberfläche neu lackieren oder versilbern lassen.

11. ZURÜCK IN DER ZEIT

Nicht viele Musikinstrumente wurden nach ihrem Erfinder benannt, und zwar ganz einfach deshalb, weil die meisten Instrumente nicht erfunden wurden. Das Saxophon ist eine der wenigen Ausnahmen. Der Instrumentenmacher Adolphe Sax wurde hauptsächlich wegen seines Saxophons bekannt, aber er erfand auch Perkussionsinstrumente, eine Anzahl weiterer Blasinstrumente (einschließlich Kuriositäten wie die *Saxtromba*) und sogar medizinische Einrichtungen. Aber das *Sax-o-phone* ist die einzige seiner Erfindungen, die einschlug.

Von den vielen Geschichten über das eigentliche Ziel, das Adolphe Sax bei der Arbeit am Saxophon verfolgte, ist nur eine wahr: Er wollte ein Instrument mit der Kraft eines Blechblasinstruments, der Virtuosität und Flexibilität eines Saiteninstruments und der Klangfarbe eines Holzblasinstruments schaffen. Eine seiner Hauptinspirationen war die *Ophikleide*, ein heutzutage veraltetes Blechblasinstrument mit dem Mechanismus eines Holzblasinstruments und einem trompetenähnlichen Mundstück.

Neun Saxophone

Sax baute sein erstes Sax-o-phone um 1840. Der Tonumfang dieses Instruments ähnelt dem des modernen Bariton-Saxophons. Einige Jahre später hatte er bereits vier verschiedene Saxophone gebaut und in den

Ophikleide

KAPITEL 11

**Adolphe Sax
(1814–1894)**

Jahren darauf stellte er die restlichen fertig. Erst 1855 erhielten sie ihre Namen. Insgesamt stellte Sax neun verschiedene Saxophone vor. Andere Quellen erwähnen zwölf oder sogar vierzehn Modelle. Als Sax lange Zeit nach ihrer Schaffung seinen Instrumenten ihre endgültigen Namen gab, entstand hinsichtlich der Identität der Instrumente einige Verwirrung.

Erfolg

Fünf der Saxophone von Adolphe Sax waren für den Einsatz in Militärkapellen bestimmt, wo sie höchst willkommen waren. Die anderen waren für das Symphonieorchester gedacht. Hier war der Erfolg nicht so groß, da diese Orchester dieses Instrument nicht gerade sehnsüchtig erwarteten. Und warum nicht? Es war noch keine Musik für sie geschrieben worden …

Einsam und verarmt

Erst viel später begann das Saxophon einen Platz in der Welt der klassischen Musik zu finden, wobei das Interesse der Komponisten nur zögernd wuchs. Es waren Jazzmusiker, die das Saxophon wirklich populär machten, als sich der Jazz am Anfang des 20. Jahrhunderts zu entwickeln begann. Leider zu spät für Adolphe Sax: Er starb 1894, einsam und verarmt.

12. DIE FAMILIE

Die verschiedenen Saxophone als Familie zu bezeichnen ist ein wenig irreführend. Vielmehr handelt es sich bei ihnen um verschiedene Stimmen ein und desselben Instruments innerhalb der Familie der Holzblasinstrumente. Der Familie der *Holzblasinstrumente*? Saxophone sind doch aus Messing, also sind sie doch Blechblasinstrumente, oder? Nun, eigentlich nicht. Eine Einführung, auch in andere Holzblasinstrumente und elektronische Blasinstrumente.

Sind Saxophone deshalb Holzblasinstrumente, weil die ersten Exemplare ein Holzmundstück verwendeten, oder weil das Blatt aus „Holz" ist? Nein. Saxophone werden deshalb als Holzblasinstrumente betrachtet, weil ihr Klang zu dieser Familie gehört. Der Klang eines Saxophons ähnelt eher dem einer Klarinette als dem einer Trompete – wobei natürlich auch hier das Blatt eine Rolle spielt.

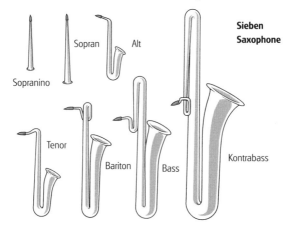

Sopranino

Sopran Alt

Sieben Saxophone

Tenor

Bariton Bass

Kontrabass

Ein Familienporträt

Die vier wichtigsten Saxophonstimmen sind in Kapitel 3, *Vier Saxophone* beschrieben. Die anderen sieht man nicht sehr häufig. Das Sopranino ist kleiner und deshalb noch höher als das Sopran. Das Bass-Saxophon ist eine Oktave tiefer als das Tenor, und das Kontrabass eine Oktave tiefer als das Bariton.

Ein Sopranino – und ein Bass-Saxophon

Gerade und gebogen

Die gängigsten Sopran- und Sopranino-Saxophone sind gerade Modelle, aber manche Firmen bieten auch gebogene Modelle an. Umgekehrt sind auch gerade Alt- und Tenor-Saxophone erhältlich.

In C

Spielst du auf dem Tenor ein C, dann hörst du ein B♭. Merkwürdig, dachte jemand, und erfand das *C-Melody* oder *C-Tenor*: ein Saxophon, das klingend notiert wird. Das schien eine gute Idee zu sein, aber sie schlug niemals ein. C-Melody Saxophone waren hauptsächlich in den Zwanzigern populär. Heutzutage ist es sehr schwer, Blätter, Mundstücke und andere Teile für diese Instrumente zu finden. Dasselbe gilt für das Mezzo-Sopran in F, dem Sopran in C, dem Sopranino in F und dem *Saxello*: ein Sopran-Saxophon in B♭, dessen Schallbecher auf das Publikum zeigt und das in den Zwanzigern gebaut wurde.

Ein gerades Alt-Saxophon

Flöte

Auch die Querflöte gilt als ein Holzblasinstrument, denn die ersten Flöten wurden aus Holz gebaut. Holz-Querflöten werden noch immer verwendet und hergestellt, aber die meisten Instrumente sind aus Metall. Da sich die Klappensysteme von Flöte und Saxophon sehr stark ähneln, spielen viele Holzbläser beide Instrumente.

Klarinette

Dasselbe gilt auch für die Klarinette, die obendrein denselben Typus von Mundstück wie das Saxophon hat. Dennoch gibt es zwischen den beiden erhebliche Unterschiede. Einige Beispiele? Eine Klarinette hat eine zylindrische (gerade) Bohrung, eine Anzahl von Tonlöchern wird nur mit den Fingerspitzen geschlossen (anstatt mit Polstern), und sie benötigt einen anderen Ansatz und Luftstrom – es gibt also einiges, auf das man sich einstellen muss.

Eine Flöte, eine Klarinette und eine Oboe

Oboe

Die Oboe hat wie das Saxophon eine konische Bohrung. Auf der anderen Seite ähnelt die Oboe mit ihrem Korpus aus Holz und dem Klappensystem eher der Klarinette. Ein großer Unterschied zu den beiden liegt jedoch in der Tatsache, dass es ein Doppelrohrblatt hat: zwei Blätter, die wie bei Fagott und Englischhorn gegeneinander vibrieren.

Elektronische Blasinstrumente

Das Lyricon, das EWI der Firma Akai und das Yamaha WX sind elektronische Blasinstrumente, die zumindest einige Ähnlichkeiten mit dem Saxophon aufweisen, und sei es auch nur die Tatsache, dass sie für gewöhnlich von Saxophonisten gespielt werden. Im Prinzip kann man sie als Saxophonsynthesizer betrachten, mit einer unbegrenzten Zahl von Sounds. Ihre Atemkontrolle, die an das Saxophon angepasst wurde, bietet eine Art von Expressivität, die normalen Synthesizern fremd ist. Natürlich braucht man etwas Zeit, bis man die etwas andere Griffweise und die verschiedenen Features gelernt hat. Das Synthophone, ein Alt-Saxophon mit elektronischen Sensoren an den Klappen, bietet dieselben Möglichkeiten, aber mit einer traditionellen Griffweise.

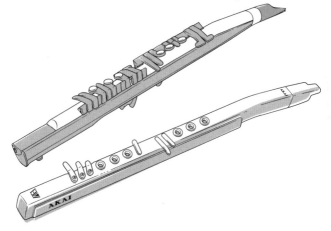

Ein Yamaha WX-5 MIDI Controller und ein Akai EWI 3020

13. IN DER FABRIK

Kannst du dir vorstellen, wie ein Saxophon gebaut wird, welche Maschinen zur Herstellung von Mundstücken verwendet werden oder woher deine Blätter kommen? Ein kurzer Blick auf die verschiedenen Herstellungsprozesse.

Der Hauptteil des Korpus wird aus einem Messingbogen produziert, der zu einem „flachen" Rohr verformt wird. Anschließend wird dieses Rohr in eine runde Form gepresst. Moderne Techniken haben nach und nach die traditionellen Arbeitsweisen abgelöst, in denen das Rohr mit einem Holzhammer um eine Gussform herum geformt wurde.

Zwei Hälften

Der Schallbecher und das Bogenteil werden auf ähnliche Weise hergestellt. Die Nahtstelle wirst du so leicht nicht finden, da durch das Polieren alle sichtbaren Spuren getilgt wurden. Der S-Bogen ist, einfach gesagt, ein gebogenes

Die traditionelle Methode: Formen der Röhre mit einem Holzhammer

Rohr. Wie biegt man aber ein Rohr, ohne es zu knicken? Ganz einfach. Man füllt es mit Wasser oder einer Seifenlösung, und lässt es gefrieren. Und dann …

Die Tonlöcher

Um den Korpus auf den Einbau der Tonlöcher vorzubereiten, werden kleinere Löcher in den Korpus und den Schallbecher gedrillt. Dann wird ein Metallschaft in den Korpus gesteckt. Dieser *Bolzen* ist mit Metallkugeln besetzt, von denen jede einzelne exakt die Größe des entsprechenden Tonlochs besitzt. Diese Kugeln werden durch die vorgedrillten Löcher gezogen, so dass die endgültigen Tonlöcher entstehen.

Die Böcke

Sobald der Korpus fertig ist, werden die Böcke aufgelötet, die ihrerseits die Achsen und Klappen halten. Auf Saxophonen mit einer Leistenkonstruktion werden die einzelnen Böcke auf Metallstreifen gelötet, die dann ihrerseits am Korpus befestigt werden.

Testen und Justieren

Sobald alle Teile poliert und lackiert sind, der Schallbecher seine Gravur erhalten hat und die Polster angepasst wurden, wird das Saxophon zusammengesetzt. Nach dieser Endmontage erfolgt der Spieltest und das Justieren. Die meisten neuen Saxophone müssen jedoch im Geschäft erneut justiert werden, bevor sie tatsächlich spielbar sind.

BLÄTTER UND MUNDSTÜCKE

Du bist vielleicht der Ansicht, dass Blätter ziemlich teuer sind. Schließlich sind sie doch nichts anderes als ein Stück Rohrblatt. Ein Grund dafür ist, dass die Hersteller nur ungefähr ein Viertel des Rohrs, das sie einkaufen, verwenden können. Der Rest wird einfach weggeworfen. Ein weiterer Grund ist, dass die Herstellung eines Blatts sehr zeitaufwendig ist.

Arundo Donax

Blätter werden aus Arundo Donax geschnitten, einem dem Bambus verwandten Rohr, das in langen, hohlen Stielen wächst. Der Großteil davon kommt aus Südfrankreich (der

Region Var), aber man findet es auch in anderen Mittelmeerländern wie auch in Südamerika und Kalifornien.

Reifung und Lagerung

Die Pflanzen können geerntet werden, sobald sie zwei bis drei Jahre alt und zwischen sieben und acht Meter hoch sind. Zwischen Ernte und Herstellung verstreicht eine beträchtliche Zeitspanne. Das Rohr muss ein Jahr oder länger gelagert werden, bevor es zu einem Saxophonblatt wird.

Die Form

Die einzelnen Rohre werden nach Umfang sortiert und der Länge nach in vier Stücke geschnitten. Dann folgt eine Vielzahl von Arbeitsschritten, von der Herstellung des Rohlings bis zum perfekten Blatt. Blätter werden mit einer Genauigkeit von einem hundertstel Millimeter geschnitten. Der letzte Schritt für jedes Blatt ist das Aussortieren nach Stärke. Die Stärke eines Blatts basiert nicht auf seiner Dicke, sondern seiner Härte. Diese Härte wird mit sehr einfachen Handmaschinen ermittelt, die die Spitze des Blatts ein wenig biegen und auf diese Weise den Widerstand des Rohrs messen.

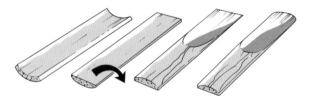

Vom Schilfrohr zum Rohrblatt, in vier grundlegenden Schritten

Mundstücke

Mundstücke werden entweder gegossen oder entstehen aus massiven Materialblöcken, die mit Hilfe von Drechslern und Fräsen ihre grundlegende Form erhalten. Für die Endjustierung der Bahn werden häufig Diamantenschneider mit einer Toleranz von Tausendsteln eines Millimeters verwendet. Oft entsteht die Bahn aber auch in Handarbeit. Die billigsten Plastikmundstücke werden durch Gießen von Plastik in eine Form hergestellt, so dass die grundlegende Form in einem Arbeitsgang entsteht. Die Bahn wird maschinell gezogen.

14. MARKEN

In den letzten Jahren wurde das Saxophon sehr populär, weshalb die Zahl der erhältlichen Marken stark angestiegen ist. Tatsächlich übersteigt die Zahl der Marken die der Fabriken. Dieses Kapitel stellt kurz einige der wichtigsten Namen vor, einschließlich der „Vintage Horns".

Eine vollständige Besprechung der verschiedenen Saxophonmarken würde ein ganzes Buch füllen, weil das Ganze nämlich eine ziemlich verzwickte Angelegenheit ist. Da gibt es zum Beispiel Hersteller, die Saxophone für eine Anzahl unterschiedlicher Marken bauen, während andere Marken Instrumente von unterschiedlichen Herstellern hatten oder noch haben. Ein anderer Fall ist Selmer: eine Marke, zwei separate Firmen.

 Im Osten Deutschlands baut B&S Saxophone in allen Preislagen. Die Firma baute und baut noch immer Instrumente für eine Anzahl nationaler und internationaler Marken wie Sonora, Weltklang und Bandmaster. Sie stellen aber auch eine professionelle Serie her, und zwar sowohl unter dem Namen B&S als auch unter anderen Namen.

 Die ersten Buffet Crampon Saxophone wurden 1868 hergestellt, zwei Jahre nach Ablauf von Adolphe Sax' Patent. Diese teureren französischen Instrumente werden hauptsächlich von klassischen Musikern verwendet. Eine Serie

117

preiswerter, in Taiwan hergestellter Saxophone wird als Buffet Crampon Evette verkauft.

Die 1925 gegründete deutsche Firma Julius Keilwerth stellt Instrumente in mittlerer bis hoher Preiskategorie her. Sie hat auch immer schon Instrumente für andere Marken gebaut. Zwei Beispiele dafür sind Couf und Armstrong, beide aus den USA.

Lange Zeit war Selmer der größte Hersteller für professionelle und halb-professionelle Musiker. Die ersten Selmer wurden 1922 in Frankreich gemacht. Sechs Jahre später kaufte Selmer den Markennamen Adolphe Sax Fils (wörtlich: Adolphe Sax' Sohn). Noch vor dem Zweiten Weltkrieg etablierte sich der Name Selmer in den USA, wo die Firma mit Buescher zusammenarbeitete.

Selmer® Die amerikanische Selmer Company entwickelte sich aus der Zusammen-arbeit der Franzosen mit Buescher. Trotz des gleichen Namens sind die amerikanischen und französischen Selmer zwei voneinander unabhängige Firmen. Selmer USA fertigt Saxophone in der unteren Preiskategorie, nämlich die Modelle Bundy und Signet.

YAMAHA Yamaha stellt außer Saxophonen auch noch Drumsets, Klaviere, Synthesizer, Boote und Motorräder her, um nur einige Beispiele zu nennen. Die Firma ist einer der wenigen Hersteller, die Instrumente in sämtlichen Preiskategorien anbieten, vom Schülermodell bis zum Profi-Instrument. Die ersten Yamaha-Saxophone erschienen 1967 auf dem Markt.

YANAGISAWA Yanagisawa begann 1954 mit der Herstellung von Saxophonen. Gegenwärtig bauen sie nur Instrumente in höheren Preislagen. Besonders interessant sind die Modelle mit S-Bögen und Schallbechern aus massivem Silber. Ebenso stellt diese japanische Firma auch S-Bögen für andere Marken her, und zwar aus unterschiedlichen Materialien.

Neue amerikanische Saxophone

Zusammen mit Frankreich war Amerika das Land, das lange Zeit die besten Saxophone machte. Das änderte sich in den sechziger Jahren. Japanische Hersteller übernahmen den amerikanischen Markt. Sie bauten weniger teure Saxophone akzeptabler Qualität.

Die meisten neuen, amerikanischen Saxophone liegen in der unteren Preisklasse bis zu tausend Euro. Zwei Beispiele dafür sind Conn, eine Tochterfirma von UMI (United Musical Instruments) und Leblanc. Die etwas teureren Saxophone von L.A. Sax sind in fast allen Farben und Ausführungen erhältlich, von feuermaschinenrot bis Sibirischer Tiger.

Taiwan und andere

Nach der japanischen Eroberung war Taiwan an der Reihe und stellte Saxophone in der Preislage bis tausend Euro her. In den letzten Jahren wurden diese Instrumente deutlich verbessert. Bekannte Marken sind Dixon und Jupiter, beide Markennamen größerer Firmen, die auch eine breite Palette anderer Instrumente herstellen, vom Schlagzeug bis zur Trompete. Billig-Saxophone werden auch in anderen asiatischen Ländern gebaut, und zwar meist als Kopien anderer, populärer Marken.

Andere Namen

Viele der oben erwähnten Saxophone sind unter verschiedenen Namen erhältlich. Dabei können die Preise ganz unterschiedlich sein. Als Marke X kann dasselbe Saxophon wesentlich weniger kosten als unter der Markenbezeichnung Y.

Andere Länder

Natürlich gibt es eine Menge weiterer Saxophonmarken aus anderen Ländern. Zum Beispiel das tschechische Amati. Amati stellt auch viele Saxophone für andere Firmen her. Italien hat Grassi, Borgani und Orsi, um nur einige zu nennen. Letztere Firma arbeitet eng mit L.A. Sax zusammen. Trevor James („The Horn") kommt aus England und Taiwan, Weril aus Brasilien und Pearl aus Japan.

VINTAGE-SAXOPHONE

Vintage-Saxophone, die in oder noch vor den sechziger Jahren gebaut wurden, können sehr wertvoll sein. Manche Modelle hatten natürlich gute und schlechte Jahre. Bestimmte Musikgeschäfte haben Listen mit Seriennummern, aus denen ersichtlich ist, wann ein Saxophon gebaut wurde. Diese Listen kann man auch im Internet finden (siehe *Mehr wissen?* auf Seite 130ff.).

Alte amerikanische Saxophone

Fast jeder „alte" amerikanische Hersteller baute ein oder mehrere Modelle, die immer noch sehr gefragt sind.

- Conn z. B., 1888 als erster amerikanischer Saxophonhersteller gegründet, wurde mit den Modellen Ladyface, Conqueror und Chu Berry berühmt.
- King hat sich unter anderem einen Namen mit den Modellen Zephyr und Super 20 gemacht.
- Ferdinand August Buescher, der zunächst für Conn arbeitete, stellte später seine eigenen Instrumente her. Berühmte Modelle sind das 400 und das Aristocrat.
- Martin war wegen der gebördelten Tonlöcher berühmt. Das Committee und das Magna sind die bekanntesten Modelle dieser Marke. Martin stellte auch Saxophone mit Seitenklappen aus Perlmutt her, die als Typewriter bekannt sind.

Selmer

Berühmte alte Selmer sind das Super Action und das Balanced Action. Im Vergleich zu den amerikanischen Saxophonen aus dieser Zeit ist ihr Klappenmechanismus ziemlich modern. Das berühmteste Saxophon aller Zeiten ist wahrscheinlich das Mark VI, von denen die besten in den fünfziger Jahren gebaut wurden. Ein gutes Mark VI kostet dich gut und gerne dreitausend Euro und mehr.

Wertsteigerung

Um den hohen Preis zu rechtfertigen, muss ein Saxophon in gutem Zustand sein, oder zumindest so gut, dass sein ursprünglicher Zustand wiederhergestellt werden kann. Mach dir bloß keine Gedanken über den Lack – falls er überhaupt noch vorhanden ist. Das Geld, das du in ein solches Saxophon investierst, ist normalerweise gut angelegt. Gute Saxophone steigen im Wert, je älter sie werden.

Älter für weniger

Andere ältere Saxophone bieten eine angemessene Qualität für weniger Geld. Einige Beispiele von den späten Fünfzigern bis zu den späten Siebzigern sind das Martin Handcraft, das King Cleveland, das Selmer Bundy, das Conn PanAm und das Conn USA. Ein exakter Preis kann schwer ermittelt werden, aber als ungefähre Ziffer kann man tausend bis tausendzweihundertfünfzig Euro veranschlagen.

Und noch weniger

Selbst wenn du noch Anfänger bist und nicht mehr als tausend Euro für ein gebrauchtes Instrument ausgeben willst, kannst du immer noch ein älteres Instrument anvisieren. Es gibt eine Anzahl guter, preiswerter Instrumente, die in den späten siebziger Jahren gemacht wurden, zum Beispiel Armstrong und Vito. Das King 613 und das Conn 16M gehören ebenfalls in diese Kategorie.

VINTAGE-MUNDSTÜCKE

Natürlich gibt es auch einen Markt für ältere Mundstücke, die vor allem bei Musikern begehrt sind, die diesen älteren, traditionelleren Sound suchen. Otto Link Mundstücke aus den fünfziger Jahren haben mittlerweile einen Wert von mindestens dreihundertfünfzig Euro, ebenso wie Dukoff Mundstücke aus den Vierzigern, und auch Brilhart Mundstücke, wie sie Charlie Parker in den vierziger und fünfziger Jahren blies, gewinnen an Popularität. Ein Tipp: So wie neue Mundstücke nicht immer gut auf Vintage-Saxophonen funktionieren, so passen auch alte Mundstücke nicht immer gut zu neuen Instrumenten.

MINI-LEXIKON UND INDEX

Dieses Glossar enthält Kurzdefinitionen aller in diesem Buch verwendeten Begriffe zum Thema Saxophon. Zusätzlich findest du einige Wörter, die nicht auf den vorhergehenden Seiten stehen, auf die du jedoch in Magazinen, Katalogen und Büchern stoßen könntest. Die Seitenangaben beziehen sich auf die Seiten, auf denen der Begriff in diesem Pocket-Info verwendet wurde.

Action *(47–49)* Das „Gefühl", das die Mechanik deines Saxophons vermittelt. Es wird hauptsächlich durch die Einstellung der Federn und Klappen vermittelt.

Alte Saxophone Siehe: *Vintage-Saxophone.*

Altissimo Register *(44)* Auch Top Tones oder Flageolett-Töne: Töne, die über dem normalen Umfang deines Saxophons liegen.

Alt-Saxophon *(22)* Eines der beiden meistgespielten Saxophone.

Amerikanischer Schnitt *(80)* Ein Blatt mit einer etwas dickeren Spitze und weniger Herz, im Gegensatz zum französischen Schnitt. Siehe auch: *French File.*

Ansatz *(27, 28, 51, 63, 65, 73)* Dein Ansatz ist die Art und Weise, wie du beim Spielen eines Blasinstruments Lippen, Zunge, Kinn und Gesichtsmuskeln einsetzt.

Aufwärmen *(89)* Ein kaltes Instrument muss aufgewärmt werden, indem man Luft hindurchbläst.

Automatische Oktavklappe Siehe: *Oktavklappe.*

Baffle Siehe: *Kammerrückwand.*

Bahn *(64, 66–68, 70, 74)* Der Bereich, in dem sich das Mundstück vom Blatt wegkrümmt.

Bahnöffnung *(64)* Der Abstand zwischen Blattspitze und Spitze des Mundstücks.

Bariton-Saxophon *(23)* Das tiefste der vier gängigsten Saxophontypen.

Bissplatten *(73)* Ein kleines Stück weichen Materials, das die Vibrationen des (Metall-) Mundstücks gegen die Zähne auf ein Minimum reduziert.

Blatt *(11, 13, 38, 51, 63–69, 74, 77–87, 88, 89, 93, 94, 105, 109, 116)* Das Blatt ist vergleichbar mit den Saiten einer Gitarre oder deinen Stimmbändern.

Blattbearbeitung *(85)* Dumpfe, kieksende, schrille oder ungleichmäßige Blätter können bearbeitet statt weggeschmissen werden.

Blatthalter *(82, 86, 93)* Schutzbehälter für Blätter. Auch Blatt- oder Blätteretui genannt.

Blattschneider Werkzeug zum Schneiden oder Verkürzen von Blättern.

Blattschraube *(13, 77, 88, 89)* Fixiert das Blatt.

Böcke *(43, 115)* Fixieren die Klappenmechanik.

Bogenteil *(13, 42, 114)* Der Teil zwischen Korpus und Schallbecher.

Bohrung *(14, 54, 72, 111, 112)* Die inneren Dimensionen des Korpus. Auch ein Mundstück hat, wie jeder rohrähnliche Gegenstand, eine Bohrung.

Brace *(98)* Ein hosenträgerartiger Tragegurt.

Carborundum-Stein Siehe: *Schleifstein.*

Dämpfer *(31)* Obwohl es Dämpfer für Saxophone gibt, ist es effektiver, den eigenen Übungsraum zu isolieren.

Daumenhalter, Daumenauflage *(15, 61, 47, 48, 59, 101)* Daumenhalter (rechter Daumen) können verstellbar sein. Daumenauflagen (linker Daumen) sind es nicht.

Daumenpolster, Daumenschoner *(47)* Eine weiche Muffe, die über den Daumenhalter gezogen wird.

Durchziehwischer *(94, 95)* Ein Lappen aus Baumwolle, Seide oder Fensterleder mit einer Schnur und einem kleinen Gewicht. Er wird nach dem Spielen durch das Instrument gezogen.

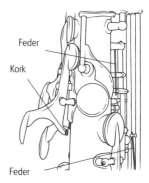

Ebonit *(72)* Siehe: *Kautschuk.*

F-Heber Siehe: *Front-F.*

Federn *(14, 34, 43, 104)* Eine Anzahl nadelartiger Federn garantiert, dass die Klappen nach dem Greifen wieder in ihre Ausgangsposition zurückkehren.

Fenster *(64)* Die Öffnung des Mundstücks.

Filze *(13, 14, 46, 49, 59, 104, 105)* Siehe: *Kork.*

Flageolett-Töne Siehe: *Altissimo Register.*

Französischer Schnitt: *(80)* Siehe: *Amerikanischer Schnitt.*

French File: *(80)* Spezielle Art, Blätter zu schneiden. Erzeugt einen offeneren, helleren Klang. Nicht zu verwechseln mit Französischem Schnitt. Siehe auch: *Amerikanischer Schnitt.*

Front-F *(16, 20, 47)* Eine Klappe, die ein leichteres Greifen von hohem E, F oder F♮ ermöglicht. Auch Front-Heber oder schnelles F genannt.

Gebrauchte Instrumente *(35, 36, 37, 56–58)* Einkaufstipps für gebrauchte Instrumente.

Goldlack *(40, 41)* Lack mit goldenem Farbton.

Gravur *(41, 115)* Der Schalltrichter hat oft eine Gravur.

Grifftabelle *(20)* Zeigt, welche Klappe für welche Note betätigt werden muss.

Gurt Siehe: *Tragegurt.*

Haken 1. *(98)* Der Haken am Tragegurt. 2. Der Haken für den rechten Daumen.

Hals Siehe: *S-Bogen.*

Herz *(80, 81, 85)* Das Rückgrat eines Blatts.

Herzschoner *(95)* Wird unterwegs statt des S-Bogens aufgesetzt, um die Achse zu schützen, die den oberen Teil des Oktavmechanismus aktiviert.

High Pitch *(59)* Manche ältere Saxophone haben eine höhere Standardstimmung. Auf Englisch: HP = High Pitch.

Hoch-F♯ *(43, 44)* Spezialklappe zum Spielen von Hoch-F♯.

Hoch-G *(44)* Spezialklappe zum Spielen von Hoch-G, nur auf einigen Sopran-Saxophonen erhältlich.

Holzblasinstrument *(109, 111)* Saxophone gehören zu den Holzblasinstrumenten, obwohl sie aus Metall hergestellt werden.

Inspektion *(105)* Erforderlich für Autos und Saxophone.

Intonation *(51–53)* Ein Saxophon mit schlechter Intonation ist nur sehr schwer oder gar nicht sauber zu spielen. Ein Saxophonist, der schlecht intoniert, wird auch auf dem besten Saxophon falsch spielen.

Justierung *(46)* Ein schlecht justiertes Saxophon ist schwer zu spielen.

Kammer *(64, 68, 70, 71)* Der Innenraum eines Saxophonmundstücks.

Kammerrückwand *(64, 71)* Eine „Beule" im Inneren des Mundstücks (am Dach). Sorgt für einen aggressiveren, schneidenderen Sound. Englisch: *baffle.*

Kappe *(94)* Schutz für Mundstück und Blatt.

Kautschuk *(66, 72–74, 103)* Die meisten Mundstücke sind daraus gemacht. Auch Ebonit genannt.

Kieksen *(13, 34, 48, 71, 81, 83, 85, 105)* Schiebe es auf das Blatt, das Mundstück … oder auf dich selbst.

Klappen *(13–20, 41–49, 51–53, 56–61, 102, 105, 111–113, 115)* Die „Finger" deines Saxophons. Das Wort Klappe wird oft zur Bezeichnung des gesamten Mechanismus verwendet, von dem Teil, der tatsächlich betätigt wird, bis zum Klappendeckel, der das Tonloch bedeckt.

Klappenerhöhung Plastik- oder Gummistücke zur Erhöhung von Klappen, die zu niedrig für deine Hände sind.

Klappenschutz *(42)* Schützt das Klappensystem und verhindert, dass sich deine Kleidung darin verfängt.

Klappensystem *(43–47)* Die Mechanik des Saxophons,

einschließlich der Klappen, Achsen, Federn und anderer Teile.

Klingend *(25)* Spielst du ein *klingendes* B♭, dann erklingt auch ein B♭. Auf dem Tenor-Saxophon musst du ein C greifen, um ein klingendes B♭ zu spielen.

Kleinfingerklappen *(12, 16)* Die Klappen, die mit dem kleinen Finger der rechten oder linken Hand gegriffen werden, heißen auch C-E♭ Griffplatte bzw. B-B♭-C♯ Mechanismus.

Koffer und Gigbags *(96, 97)* Das braucht dein Saxophon.

Konische Bohrung *(14, 112)* Ein Saxophon hat eine konische Bohrung, die oben eng und nach unten zum Schallbecher hin weiter wird, wie ein Kegel. Siehe auch: *Bohrung.*

Kork *(14, 46, 49, 57–59, 64, 74, 92, 93, 105)* Kork und Filze garantieren, dass sich die Klappen weit genug öffnen und sich einige Klappen gleichzeitig öffnen oder schließen. Verringern auch die Geräusche des Klappensystems. Siehe auch: *S-Bogen-Kork.*

Korkfett *(104)* Gleitmittel für den S-Bogen-Kork.

Korpus *(13, 14, 21, 42, 43, 94, 114, 115)* Wenn du den S-Bogen entfernst, hast du den Korpus in der Hand.

Lack *(40, 42, 56, 102, 104)* Die Oberfläche der meisten Saxophone ist mit durchsichtigem Lack überzogen.

Leistenkonstruktion *(43, 115)* Ein Saxophon, bei dem die Böcke auf einen Metallstreifen gelötet werden, der dann seinerseits auf den Korpus gelötet wird, hat eine Leistenkonstruktion. Siehe auch: *Montierte Böcke.*

Messing *(40, 50, 54, 114)* Legierung aus Kupfer und Zink; das gängigste Material für Saxophone.

Mikrofon *(100)* Gesangsmikrofone eignen sich auch gut für Saxophonisten. Es gibt aber auch spezielle Mikrofone für Saxophone, die am Schallbecher befestigt werden.

Montierte Böcke Das direkte Anbringen der Böcke an die Mechanik, im Gegensatz zur Leistenkonstruktion. Siehe: *Leistenkonstruktion.*

Mundstück *(13, 28, 31, 38, 50, 62, 63–75, 79, 84, 86–97, 103, 109, 115, 116, 121)* Ein ganz wesentlicher Teil deines Saxophons hinsichtlich Sound und Spielbarkeit.

Nickel *(41)* Vernickelte Saxophone glänzen stärker als versilberte. Moderne vernickelte Saxophone werden meist schwarz vernickelt.

Oktavklappe, Oktavlöcher *(15, 18, 20, 45, 52, 55, 61)* Die Oktavklappe öffnet das untere oder obere Oktavloch „automatisch", je nachdem, welche Note du greifst. Wird auch Registerklappe genannt.

Oktavloch des S-Bogens Das obere Oktavloch. Siehe auch: *Oktavklappe.*

Pad Saver *(94, 95, 103)* Ein langer, plüschbesetzter Stab, der die Feuchtigkeit in deinem Instrument reduziert.

Perlmuttklappen Siehe: *Klappen.*

Polster *(13, 14, 42, 48–51, 58, 94–96, 102–105)* Meist mit Leder überzogene Filzscheiben, die die Tonlöcher versiegeln.

Polstern Das Erneuern der Polster.

Preisangaben *(33–38)* Was kostet es, Saxophon zu spielen?

Register *(20)* Der Tonumfang des Saxophons wird oft in drei Register eingeteilt: tiefes (alle Töne ohne Oktavklappe), mittleres (mit Oktavklappe) und hohes (mit Oktavklappe plus Seitenklappen).

Registerklappe Siehe: *Oktavklappe.*

Resonator *(14, 49)* Metalloder Plastikscheibe auf der Innenseite der Polster.

Rollen *(16, 48)* Erlauben deinen kleinen Fingern, von einer Klappe zur anderen zu rutschen.

S-Bogen *(12, 13, 14, 20, 34, 57, 58, 75–77, 89, 96)* Das Rohr, das Mundstück und Korpus miteinander verbindet. Auch Hals genannt.

S-Bogen-Kork *(64, 104)* Korkmuffe am Ende des S-Bogens. Auch *Stimmkork* genannt.

Sax, Adolphe 1814–1894 *(107, 108, 117)* Unser Mann.

Schachtelhalm *(84)* Eine in Sumpfgebieten wachsende Pflanze, die zum Bearbeiten der Blätter verwendet wird.

Schallbecher, Schalltrichter *(14)* Die ausgestellte Öffnung des Saxophons.

Schachtelhalm

Schallstückverbindung Verbindet Korpus und Schalltrichter; oft ein Metallring.

Schenkel *(64, 70–73, 75)* Im Mundstück die Ränder des Fensters.

Schnelles F Siehe: *Front-F.*

Schleifstein *(84)* Werkzeug zum Bearbeiten der Blätter. Auch Carborundum-Stein genannt.

Seitenklappen *(16, 20, 43, 46)* 1. Mehrere Klappen, die mit der Handfläche oder den Fingern der linken Hand gegriffen werden. 2. Mehrere Klappen auf der rechten, unteren Seite, die mit der rechten Hand gegriffen werden,

um hohe Töne und Triller zu spielen.

Seitenschenkel Siehe: *Schenkel.*

Silber *(34, 40, 102)* Manche Saxophone sind versilbert.

Sopran-Saxophon *(21, 22)* Das höchste der vier gängigsten Saxophone. Gebogene Sopran-Saxophone *(111)* sehen wie kleine Alt-Saxophone aus.

Stern *(67)* Ein 5* (ein „fünf Stern") Mundstück spielt sich schwerer als ein normales 5er.

Stimmen *(52, 90–93)* Saxophone müssen gestimmt

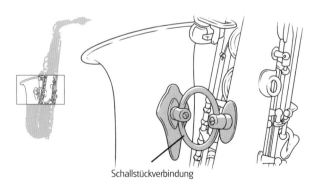

Schallstückverbindung

Stabilisierungsring zwischen Korpus und Schallbecher

werden, nicht nur beim Ensemblespiel.

Stimmkork Siehe: *S-Bogen-Kork.*

Stimmlinie *(92)* Stimm dein Saxophon und ziehe genau da, wo dein Mundstück endet, eine Linie auf dem Kork. Wenn du das Mundstück immer bis zu dieser Linie schiebst, bist du gleich in der Nähe der richtigen Stimmung.

Tenor-Saxophon *(10, 23, 24)* Eines der beiden meistgespielten Saxophone.

Tisch *(64)* Der ebene Teil des Mundstücks, auf dem das Blatt aufliegt (deshalb auch Auflage genannt).

Tonlöcher *(13–16, 42, 115)* Die Löcher im Saxophon.

Tonumfang *(25)* Der Abstand vom tiefsten bis zum höchsten Ton. Siehe auch: *Altissimo Register.*

Tragegurt *(98)* In verschiedenen Ausführungen erhältlich, von sehr einfach bis zum Schultergurt. Auch Halsgurt genannt.

Transponieren *(25, 26)* Das Saxophon ist ein transponierendes Instrument; C auf dem Alt klingt wie E♭ auf dem Klavier; und das C auf einem Tenor ist ein klingendes B♭.

Trillerklappen Spezielle Klappen zum Spielen schneller Triller.

Undichte Stellen *(37, 42, 51, 52, 53, 58, 94, 105)* Ein undichtes Saxophon wird nicht gut ansprechen und wahrscheinlich auch schlecht intonieren.

Versicherung *(101)* Eine gute Idee.

Vintage-Saxophone *(36, 60, 62, 120, 121)* Gute Vintage-Saxophone, das sind Oldtimer-Saxophone, sind sehr gefragt.

MEHR WISSEN?

Die Pocket-Info-Bücher versorgen dich mit Basiswissen über dein Instrument und alles, was damit zu tun hat. Es gibt natürlich noch mehr Informationen und hier steht, wo du sie findest. Eine Auswahl an Magazinen, Büchern, Web-Sites und Newsgroups, sowie Hintergrundinformationen über den Autor.

ZEITSCHRIFTEN

Es gibt keine spezielle deutschsprachige Saxophonzeitschrift. Die beiden folgenden widmen sich neben anderen Instrumenten auch dem Saxophon.

Solo, www.solo-online.de
Soundcheck/Fachblatt, www.soundcheck.de

Englischsprachige Zeitschriften:
Saxophone Journal, www.dornpub.com
Windplayer, www.windplayer.com

Es gibt natürliche weitere Musikzeitschriften, die mehr oder weniger häufig Artikel über Saxophone, Saxophonisten oder übers Saxophon bringen.

BÜCHER

Für dieses *Pocket-Info Saxophon* haben wir in erster Linie zwei Referenzbücher zu Rate gezogen:
- *The Art of Saxophone Playing*, von Larry Teal; Summy Birchard Inc., New Jersey, USA, 1963; 112 Seiten; ISBN 0 87487 057 7. Viele nützliche Informationen über Saxo-

phone, Mundstücke und Blätter, einschließlich umfassender Kapitel über Ansatz, Tonqualität, Atemtechniken, Intonation, Vibrato, das Bearbeiten von Blättern und vieles mehr.

- *Die Saxophone*, von Karl Ventzke, Klaus Raumberger and Dietrich Hilkenbach; Verlag Erwin Bochinsky, 1987; 147 Seiten; ISBN 3 92363 998 8. Ein gründliches deutschsprachiges Buch über das Saxophon.

Einige weitere Bücher über das Saxophon:

- *Das Saxophon*, von Jaap Kool; Verlag Erwin Bochinsky, 1931; 286 Seiten; ISBN 3 923639 81 3. Historisches wird in einigen Punkten inzwischen unter geändertem Aspekt gesehen. Die enthaltene Biografie über Adolphe Sax liest sich dennoch wie ein spannender Roman. Der Vergleich mit heutiger Auffassung von Tonkultur, Stilistik und Anblaseart ist durchaus reizvoll.
- *The Cambridge Companion to the Saxophone*, von Richard Ingham (Hrsg.); Cambridge University Press, 1999; ISBN 0 52159 348 4. Ein ausführliches Handbuch über das Saxophon, seine Geschichte, die technische Entwicklung und das Repertoire.
- *Celebrating the Saxophone*, von Paul Lindemeyer; Hearst Books, erschienen bei William Morrow & Co., Inc. 1996; 96 Seiten; ISBN 0 688135 188. Bietet nicht nur einen anschaulichen liebevollen Blick auf das Saxophon, sondern ist auch ein chronologisches Handbuch und geschichtliche Anerkennung des Saxophons mit Schwerpunkt auf der Rolle des Instruments und seines Einflusses auf die Popkultur. Viele Abbildungen.
- *Adolphe Sax 1814–1894 – His Life and Legacy*, von Wally Horwood; Egon Publishers, England, 1980; 214 Seiten; ISBN 0 905858 18 2)

INTERNET

Das Internet bietet viele Tipps und Informationen über Saxophone, Musiker, Blätter, Mundstücke und was immer Sie wissen möchten. Hier die URLs einiger interessanter Websites:

- *The International Saxophone Home Page* (ISHP) (**www. saxophone.org**) mit zahlreichen Tipps, FAQs (frequently asked questions) und den dazugehörigen Antworten,

Links zu anderen Web-Seiten von und für Saxophonisten und *Saxophone Buyer's Guide* von Webmaster Jason DuMars.

- *Bubba's Saxophone Links* enthält eine Reihe toller Links unter www.mindspring.com/~mgm/saxlinks.html
- Links finden sich auch unter *The Music Industry Pages* (www.musicindustry.com).
- Wenn du eigene Links zu verschiedenen Websites einrichten willst, wende dich an members.aol.com/saxring.
- Die für Musikfirmen übliche Adresse lautet www.[Firmenname].com, wobei [Firmenname] durch den entsprechenden Firmennamen ersetzt werden sollte.

NEWSGROUPS

Fragen zu Erfahrungen mit Mundstücken, Blättern, Instrumenten und damit zusammenhängenden Themen können in zahlreichen Newsgroups gestellt werden, wie z. B. unter rec.music.makers.saxophone, alt.music.makers.woodwind oder alt.music.saxophone.

Dinge ändern sich

Web-Seiten und Newsgroups im Internet ändern oft ihre Adresse oder werden ziemlich häufig umbenannt. Mit Hilfe von Suchmaschinen wie Alta Vista oder Yahoo kannst du jedoch die neuen Adressen finden. Starte einfach eine Suche unter dem Suchbegriff „saxophone" und einem weiteren Suchbegriff.

LITERATURVERZEICHNIS

Neben den genannten Büchern wurden bei diesem Pocket-Info folgende Quellen benutzt:

- Artikel in *Music Maker*, Arnhem, Niederlande.
- *Saxophones*. Eine Auswahl aus der umfangreichen Saxophon-Sammlung von Leo van Oostrom, mit Fotos und Beschreibungen von Saxophonen aus dem 19. und 20. Jahrhundert. Museum Kempenland, Eindhoven, Niederlande, 1994, ISBN 90 72478 31 2.
- Broschüren aus dem Saxophone Shop in Deventer und Müller Music in Amsterdam, Niederlande.
- Die Broschüre *Wind Instruments* von Harry Bakker Saxophones, Muiderberg, Niederlande.
- *Saxophone Buyer's Guide:* sehr nützliche Informationen

von Jason DuMars (1995), zu finden unter **www.saxophone.org/buyers.html**.
* Zahlreiche Faltblätter, Kataloge und Broschüren.

DIE MACHER

Der Journalist, Schriftsteller und Musiker Hugo Pinksterboer, Hauptautor der Pocket-Info-Serie und ehemaliger Herausgeber des holländischen Drummer Magazins Slagwerkkrant (1991–1998), hat Hunderte von Interviews, Instrumententests und anderen Artikeln in nationalen und internationalen Magazinen veröffentlicht. Er verfasste das Referenz-Werk über Becken (*The Cymbal Book*) und schrieb und entwickelte eine große Auswahl an Handbüchern und Kursen für Musiker und Nicht-Musiker.

Grafiker, Designer und Musiker Gijs Bierenbroodspot war Art Director bei vielen verschiedenen Zeitschriften und hat zahlreiche Werbekampagnen entwickelt. Als er Informationen über Saxophon-Mundstücke suchte, kam ihm die Idee dieser Buchreihe über Musik und Musikinstrumente, für die er auch das Layout entworfen und die Abbildungen gezeichnet hat. Ein gutes Mundstück hat er übrigens inzwischen gefunden.

FEHLT ETWAS?

Gibt es noch Dinge, die in diesem Buch fehlen? Oder kann hier oder da noch etwas verbessert werden? Schicke deine Vorschläge und Kommentare an Schott Musik International, Postfach 36 40, 55026 Mainz, Germany oder als E-Mail (**rock.pop.jazz@schott-musik.de**).

Möchtest du über Neuerscheinungen in dieser Serie informiert werden? Dann schick uns eine E-Mail oder schau auf unserer Webseite vorbei (**www.schott-music.com**).

ZUR HAND

Bei Verlust, Diebstahl oder Verkauf deines Instrumentes ist es praktisch, alle Informationen deines Equipments zur Hand zu haben. Für die Versicherung, die Polizei oder einfach für dich selbst. Schreibe hier alles auf.

VERSICHERUNG

Firma:

Telefon: Fax:

Ansprechpartner:

Tel: Fax:

Web-Seite:

Versicherungsnummer:

INSTRUMENTE UND ZUBEHÖR

Marke und Typ:

Seriennummer:

Farbe:

Preis:

Anschaffungsdatum:

Gekauft bei:

Telefon: Fax:

NOTIZEN